KB091002

그림으로 이해하는

양자컴퓨터의
QUANTUM
COMPUTER 구조

우츠기 타케루 지음
도쿠나가 유키 감수
권기태 감역
김성훈 옮김

BM (주)도서출판 성안당

絵で見てわかる量子コンピュータの仕組み

(E de Mite Wakaru Ryoshicomputer no Shikumi: 5746-7)

ⓒ2019 Takeru Utsugi

Original Japanese edition published by SHOEISHA Co.,Ltd.

Korean translation rights arranged with SHOEISHA Co.,Ltd. through Eric Yang Agency

Korean translation copyright ⓒ 2020 by SUNG AN DANG, Inc.

이 책을 선택해 주셔서 정말 감사드린다. 이 책은 물리학 전문가가 아닌 분들이 양자컴퓨터를 접하는 첫 단계에서 사용되길 바라며 집필한 입문서이다.

요즘 들어 갑자기 '양자컴퓨터'라는 말이 뉴스에도 등장하기 시작하는 등 차세대 기술의 대명사 중 하나가 된 느낌이다. 이제는 전문가가 아니더라도 '양자컴퓨터'라는 키워드를 접할 기회가 많아졌다. 하지만 초보자를 위해서 양자컴퓨터의 전모를 설명한 서적은 아직 상당히 적은 것이 현실이다. 양자컴퓨터를 인터넷으로 검색해보면 여기저기 정보가 흩어져 있을 뿐 정작 정리된 정보는 많지 않다. 또한, 양자컴퓨터 관련 보도나 설명 기사도 저마다 양자컴퓨터에 대한 개념에 차이가 있어, 양자컴퓨터가 현재 어떤 상황에 와 있는지 좀처럼 보이지 않는다. 양자컴퓨터가 어느 정도로 실용화될 것인지, 어떤 원리로 동작하는지, 어떤 방식이 있고 무엇이 다른지 등을 파악하기가 힘들다.

양자컴퓨터는 머신러닝이나 IoT, VR/AR 등의 차세대 기술과는 달리, 양자물리학이나 정보이론, 컴퓨터 사이언스의 기초 연구적인 측면이 강하다. 그래서 실제로 만들거나 사용해 보면서 이해하기가 상당히 어렵다. 또한, 일반인을 대상으로 하는 입문서는 비유를 통해 양자의 성질을 설명하는 경우가 많다. 하지만 그다음 단계로 연결되는 좀 더 상세한 설명이 거의 없어서, 결국은 전문서나 논문을 읽을 수밖에 없다. 이 책은 일반인을 대상으로 하는 설명과, 전문서 · 논문 사이의 난이도로 양자컴퓨터와 관련된 정보의 가이드맵이 되는 것을 목표로 삼았다. 우선은 가이드맵이 없어서 나아갈 방향을 모르는 독자분께 도움이 될 수 있다면 기쁠 것이다.

우츠기 타케루

이 책은 양자컴퓨터에 대한 전반적인 지식을 망라할 수 있도록 구성했다. 비전문가도 이해하기 쉽게 전문 용어나 전문 지식이 전혀 필요 없어도 읽을 수 있는 책을 목표로 했다. 또한, 양자컴퓨터 관련 뉴스를 읽고 이해되지 않을 때 참고할 수 있도록 했다. 그래서 양자컴퓨터와 직접 관계는 없지만, 연관된 키워드도 같이 실었다. 각 장의 내용은 깊이 들어가지 않고 키워드 설명 정도에서 그친 부분도 많다. 그 이유는 각각의 전문서로 들어가는 '입구'를 목표로 했기 때문이다. 이 책 마지막에 수록한 참고문헌을 참고로 하여 다음 단계로 나아갈 수 있기를 바란다.

■ **부록 데이터 파일 제공**
이 책을 구매하신 분들께 〈「부록」 그림과 수식으로 배우는 양자컴퓨터의 구조〉의 부록 PDF 데이터를 제공합니다.
해당 파일은 성안당 홈페이지 - [자료실] - [자료실]에서 회원 가입 후 다운로드 가능합니다.

※ 주의 : 부록 PDF 파일은 무단 전재, 배포를 금합니다.

CONTENTS

제3장 양자비트

제4장 양자 게이트 입문

제5장 양자 회로 입문

제8장 양자비트 만드는 법

Column

이미지 출처

제1장

양자컴퓨터 입문

이 장에서는 현재의 컴퓨터에서 양자컴퓨터에 이르기까지의 배경과 실제로 양자컴퓨터가 구현됐을 경우의 사용법을 설명함으로써 양자컴퓨터가 어떤 것인지 이미지를 파악한다.

1.1 ║ 양자컴퓨터가 뭐지?

양자컴퓨터는 지금까지의 컴퓨터와는 다른 새로운 계산기이다. 우선, 양자컴퓨터가 어떤 계산기인지에 대해 알아보자.

1.1.1 계산이란 무엇인가?

계산이란 무엇일까? 초등학교에 들어가서 처음 산수를 배우기 시작했을 때를 떠올려보자. 1부터 9까지의 숫자를 배우고 나서 더하고 빼고 곱하고 나누는 방법을 배웠다. 이렇게 배운 지식을 활용해서 물건을 세고, 시간을 계산하여 계획을 세우고, 돈을 계산하기도 하면서 일상생활을 할 수 있게 되었다.

그 후로 더 복잡한 계산 방법을 배워서 제품을 만들고, 건물을 설계하고, 지구 환경을 측정하는 등 다양한 작업에 계산이 사용되고 있음을 배웠다.

하지만, 우리 인간은 그렇게 대단한 계산 능력을 갖추고 있지 않다는 사실을 고등학생쯤 되면 알기 시작한다. 큰 수의 계산은 다섯 자리 정도이고 도형 계산은 단순한 원이나 삼각형이 한계이며, 더 큰 수나 복잡한 도형이 주어지면 머리가 뒤죽박죽되어버려 계산할 수 없다.

그래서 계산기를 사용한다. 계산기라고 하면 여러 가지를 떠올리겠지만, 여기에서는 계산하는 기계 전반을 일컫는다. 가장 친숙한 계산기는 전자계산기(전자식 탁상 계산기)일 것이다. 옛날에는 전자계산기 대신에 주판을 사용했다. 주판으로 자릿수가 많은 계산을 빠르게 할 수 있게 되었다.

더욱 복잡한 계산은 컴퓨터를 사용한다. X와 Y가 나오는 방정식을 배우면 숫자를 직접 다루지 않고 계산식을 세울 수 있다. 계산식을 사용함으로써 프로그램을 만들어 손으로 계산하기 어려운 복잡한 계산을 컴퓨터로 할 수 있게 된다. 수천 자리에 이르는 계산이나 3차원의 복잡한 도형 계산도 기본적인 방정식만 알면 계산해서 답을 낼 수 있다.

전기의 힘을 이용한 계산기인 컴퓨터는 1960년 무렵에 실용화되어, 오늘날엔 누

구나 사용할 수 있고 생활의 일부가 되었다. 컴퓨터로 인간의 계산 능력의 한계를 돌파할 수 있게 된 것이다. [그림 1.1]에 계산기의 발전 과정을 나타냈다.

[그림 1.1] 계산기의 발전

1.1.2 컴퓨터의 한계

이 전기를 이용하는 계산기인 컴퓨터도 역시나 한계가 있다. 이제까지 60년 가량 컴퓨터는 점점 진화하여 고속으로 계산할 수 있게 됐고, 사용하기 쉬워졌다. 하지만 인간이 해결하고 싶은 문제도 같은 속도로 점점 진화(복잡화, 번잡화)해 왔다. 복잡한 3차원 물체의 시뮬레이션이나 양자역학적 행동을 하는 물질의 시뮬레이션은 현재 최첨단 컴퓨터를 사용해도 좀처럼 계산할 수 없다. 최근에는 블록체인이라는 기술이 주목받고 있는데, 블록체인은 현재의 컴퓨터로 계산하기 어려운 문제가 존재하는 것을 이용해 만들어진 시스템이다. 또한, 머신러닝이라는 기술도 주목받고 있다. 머신러닝도 계산에 많은 시간이 걸리는 문제를 해결할 필요가 있다.

그렇기 때문에 현재의 컴퓨터의 한계를 돌파하는 일은 매우 중요하며, 이를 통해 세상을 더욱 좋게 만들 수 있다고 믿고 있다[그림 1.2]. 그럼, 어떻게 하면 컴퓨터의 한계를 돌파할 수 있을까? 그 답의 하나가 바로 **양자컴퓨터**에 있다.

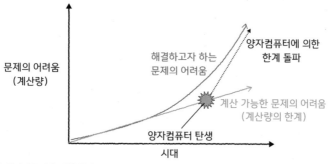

[그림 1.2] 양자컴퓨터에 의한 한계 돌파

1.1.3 양자컴퓨터란 무엇인가?

양자컴퓨터는 차세대 고속 계산기로서 연구 및 개발이 진행되고 있다. 현대의 컴퓨터로 곤란한 문제를 모두 해결할 수 있는 것은 아니지만, 그 중 몇 가지라도 해결할 수 있다면 사회에 커다란 충격을 줄 것으로 기대된다.

우선 양자컴퓨터가 무엇인지에 대해 간단히 설명하고자 한다. 이 책에서는 양자컴퓨터란 '**양자역학 특유의 물리 상태를 적극적으로 이용해 고속 계산을 구현하는 컴퓨터**'라고 정의한다. 양자컴퓨터의 '양자'는 양자역학의 '양자'를 일컫는다. 양자역학은 대학 수준에서 배우는 물리학의 하나로, 원자, 전자 등 아주 작은 입자의 움직임을 설명하기 위해 발전한 이론이다. 이 양자역학에 따르면, 원자나 전자, 빛의 입자인 광자 등의 미소 입자나 초전도체 등 매우 낮은 온도로 냉각한 물질에서는 우리가 일반적으로 볼 수 없는 신기한 현상이 일어난다는 사실이 알려져 있고, 실제로 실험으로 확인되고 있다. 예를 들면, 나중에 설명할 양자역학 특유의 물리 상태인 '중첩 상태'와 '양자얽힘' 등의 현상이 있다. 그리고 이 양자역학 특유의 물리 상태를 적극적으로 이용해서 컴퓨터를 만들고자 하는 것이 양자컴퓨터이다. 양자컴퓨터를 사용하면 지금까지의 계산보다도 파워풀한 **양자 계산**이라는 계산을 할 수 있게 된다. 이 양자 계산은 기존 계산과는 본질적으로 다른 포텐셜을 가진다는 것이 연구로 계속해서 밝혀지고 있다. 양자컴퓨터의 발전은 '양자'를 고도로 제어(컨트롤)함으로써, 기존 컴퓨터의 한계를 돌파하는 컴퓨터를 만들려는 물리학과 엔지니어링의 도전이다[그림 1.3].

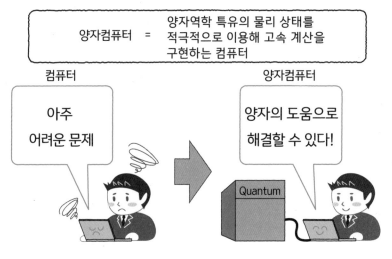

[그림 1.3] 양자컴퓨터란

1.1.4 양자컴퓨터와 고전컴퓨터

여기서 양자컴퓨터와 일반 컴퓨터의 차이를 정리해보자. 우선 '계산'은 크게 두 가지로 나누어진다. 물리학의 한 분야인 고전물리학에 기초한 **고전계산**과 양자물리학(양자역학이라고도 한다)에 기초한 **양자 계산**이다.

고전물리학이란 중학교나 고등학교 물리 수업에서 배운 물체의 운동이나 힘의 작용, 전자기의 성질 등을 다루는 물리학이다. 한편, 양자역학은 이공계 대학 수준에서 배우는 '원자와 전자의 성질' 등을 다루는 물리학이다. 이 두 가지 물리학에 대응하는 두 가지 계산이 존재한다. 고전계산과 양자 계산의 차이는 3장에서 다룰 예정이다. 이 책에서는 양자 계산을 하는 장치를 '양자컴퓨터(양자 계산기)'라고 하고, 고전계산을 하는 장치를 '고전컴퓨터(고전계산기)'라고 한다. 그래서 이 책에서는 일반 컴퓨터를 '고전컴퓨터'로 일컫는다.

양자 계산은 고전계산의 상위 호환이고, 고전컴퓨터로 풀 수 있는 문제는 모두 양자컴퓨터로 풀 수 있다. 이것은 고전물리학에서 다룰 수 있는 현상은 모두 양자물리학에서 (원리 상) 다룰 수 있다는 사실에 대응한다(결국 고전물리학은 양자물리학과 거의 같다).

또한, 고전컴퓨터로 풀기 어려운 문제라도 양자컴퓨터로 빠르게 풀 수 있는 경우가 있다는 것이 이미 알려졌다. 이것은 고전물리학에서는 다룰 수 없는 현상까지도 양자역학에서 다룰 수 있다는 사실에 대응한다[그림 1.4].

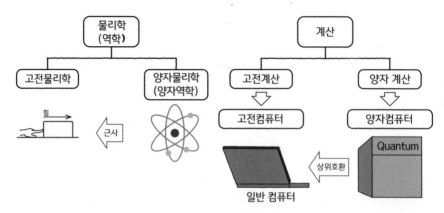

[그림 1.4] 물리학과 계산의 대응관계

현재 양자컴퓨터에 정해진 정의가 있는 것은 아니다. 따라서 여기서는 [그림 1.3]과 같이 양자컴퓨터를 정의했다. 여기서 주의할 점은 보통 컴퓨터도 양자역학적 현상을 사용한 반도체 디바이스(트랜지스터나 플래시 메모리)에 의해 동작하지만, 할 수 있는 '계산'은 고전물리학에 대응하는 '고전계산'이라는 점이다. 계산을 구현하는 데 이용되는 물리 현상과 실제로 할 수 있는 계산은 명확히 구별해야 하며, 양자역학으로 설명되는 현상을 이용한다고 해서 '양자 계산'을 할 수 있는 것은 아니다. 양자 계산을 하기 위해서는 양자역학으로 설명되는 현상을 고도로 제어하여, '양자역학 특유의 물리 현상'이라 할 수 있는 특수한 상태를 구현하는 것이 반드시 필요하다.

양자컴퓨터에는 여러 가지 종류가 있다. 양자컴퓨터를 다음 세 가지로 구별해서 설명하고자 한다[그림 1.5].

① 만능 양자컴퓨터

만능 양자 계산을 할 수 있는 양자컴퓨터를 말한다. 조금 더 자세히 설명하면, '임의의 양자 상태에서 임의의 양자 상태로의 변환을 충분한 정밀도로 실행할 수 있는 컴퓨터'이다. 임의의 양자 상태란 여기서는 임의의 복수 양자비트의 상태이고, 이를 원하는 상태로 (완전하게는 곤란하므로) 매우 높은 정밀도로 변환할 수 있는 것이 만능 양자컴퓨터라고 할 수 있다. 양자비트 수가 많아지고 하고 싶은 변환이 복잡해지면, 노이즈의 영향도 커지므로 계산 도중 에러를 정정하는 능력(에러 내성)을 갖출 필요가 있다. 에러 내성을 지닌 양자컴퓨터를 '에러 내성 양자컴퓨터'라고 한다.

② 비만능 양자컴퓨터

만능 양자 계산은 할 수 없지만, 일부 양자 계산을 할 수 있고, 고전컴퓨터에 대한 우위성을 보이는 양자컴퓨터이다.

현재 계속 구현되고 있는 에러 내성이 없는 (또는 충분하지 않은), Noisy Intermediate Scale Quantum(NISQ)이라는 양자컴퓨터가 여기로 분류된다. 자세한 내용은 1.2.6에서 다룰 예정이다.

③ 비고전컴퓨터

양자역학 특유의 물리 상태를 이용해 계산하는 또는 그런 계산을 지향하는 컴퓨터로, 고전컴퓨터에 대한 우위성을 보이지 않는 컴퓨터이다. 현재 개발되는 양자 어닐러가 여기로 분류된다.

[그림 1.5] 양자컴퓨터의 종류

[표 1.1]에 이러한 양자컴퓨터의 특징을 정리했다. 앞에서 설명한 세 가지 컴퓨터를 '광의의 양자컴퓨터'로 정의하고, 이에 관해 자세히 다루고자 한다.

'광의의 양자컴퓨터'는 양자역학 특유의 물리 현상을 이용해서 계산하는 점이 '고전컴퓨터'와의 차이라고 할 수 있다. 이 '광의의 양자컴퓨터' 중에서 '비만능 양자컴퓨터'와 '비고전컴퓨터'의 차이는 계산 성능에서 고전에 대한 양자의 우위성이 있느냐이다. 그리고, '비만능 양자컴퓨터'와 '만능 양자컴퓨터'의 차이는 양자 계산의 만능성이 있느냐이다.

[표 1.1] 양자컴퓨터의 종류와 특징

종류		만능성 (에러 내성)	양자의 우위성	양자 특유의 물리 상태
광의의 양자컴퓨터	만능 양자컴퓨터	○	○	○
	비만능 양자컴퓨터	×	○	○
	비고전컴퓨터	×	×	○
고전컴퓨터	고전컴퓨터	×	×	×

1.1.6 양자 계산 모델의 종류

앞에서는 양자컴퓨터의 하드웨어적인 분류를 설명했다. 한편, 계산에도 종류가 있는데 '만능형'과 '특화형'의 두 가지 양자 계산 모델로서 구별한다. 계산 모델이란 어떻게 계산을 실행할지를 기술하는 모델이다.

① 만능형

모든 양자 계산을 기술할 수 있다. 양자 회로 모델이 대표적이다. 그 밖에도 측정형 양자 계산, 단열 양자 계산, 토폴로지컬 양자 계산 등 복수의 계산량적으로 등가인 (p.132 칼럼 참조) 모델이 있어 연구되고 있다. 이 책에서는 양자 회로 모델에 관해서 자세히 살펴보고자 한다.

• 양자 회로 모델

고전컴퓨터에서 사용되는 '회로'와 '논리 게이트' 대신에 '양자 회로'와 '양자 게이트'를 이용해서 계산하는 모델이다[*1].

양자컴퓨터 연구 초기부터 이용되고 있고, 만능(유니버설)인 양자 계산을 기술할 수 있는 가장 표준적인 모델이다.

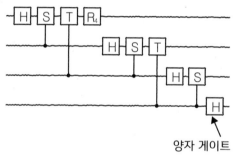

양자 게이트

[그림 1.6] 양자 회로 모델

② 특화형

특정 계산을 기술할 수 있다. 여기서는 양자 어닐링이라는 계산 모델을 살펴보자. 양자 어닐링은 이징 모델의 기저 상태(7장에서 설명)를 계산할 목적으로 특화한 계산 모델이고, 이 이징 모델에 문제를 맵핑함으로써 문제를 풀 수 있다.

• 양자 어닐링

2011년에 D-Wave Systems라는 캐나다의 벤처기업이 상용화했고, Google과 NASA가 연구에 참가해 일약 유명해졌다. 도쿄공업대학의 니시모리 히데토시 교수팀과 매사추세츠공과대학의 에드워드 파히(Edward Farhi)팀이 이론적으로 제

*1 양자 게이트 방식이라고 부르는 경우도 많다.

양자컴퓨터 입문

안한 양자 어닐링(카도와키·니시모리, 1998)과 양자단열계산(파히 외, 2001)이라는 계산 모델이 그 기반이 되고 있다. 이들 계산 모델을 바탕으로 양자 어닐링에 특화한 전용 머신인 '양자 어닐러(양자 어닐링 머신)'로 계산한다.

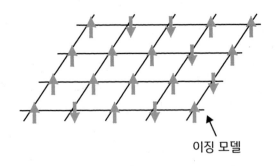

이징 모델

[그림 1.7] 이징 모델

1.2 ║ 양자컴퓨터의 기본

양자컴퓨터란 어떤 것인지 대략적인 이미지를 파악했으므로, 이번에는 양자컴퓨터의 구조를 살펴보자. 이 절에서는 구체적인 내부 동작이 아니라, 동작의 흐름과 양자컴퓨터를 실제로 사용하는 이미지를 설명한다.

1.2.1 양자컴퓨터 동작의 흐름

우선은 양자컴퓨터가 동작하는 기본적인 흐름을 살펴보자. 양자 회로 모델과 양자 어닐링 양쪽에 공통되는 양자컴퓨터의 기본 동작을 [그림 1.8]에 나타냈다. 양자컴퓨터에서의 계산 실행 방법을 3단계로 설명해보자.

[그림 1.8] 양자컴퓨터 기본 동작

단계 1 : 양자비트 초기화

양자컴퓨터에는 **양자비트**라는 계산의 최소 단위가 있다. 고전컴퓨터에서 '비트'로 불리던 것의 양자 버전이다. 양자컴퓨터에는 이 양자비트가 물리적으로 구현되어 있어, 양자비트를 이용해 계산하는 것이 기본이 된다. 그래서 우선 이 양자비트를 준비하고 초기화한다[그림 1.9].

양자비트

[그림 1.9] 양자비트 초기화

단계 2 : 양자 연산

　양자컴퓨터의 계산은 물리적으로 구현된 양자비트를 연산함으로써 구현한다.
양자비트를 연산하는 방법은 양자 회로 모델에서는 '양자 게이트 연산', 양자 어닐
링에서는 '어닐링 연산'이라고 한다. 이처럼 양자컴퓨터의 계산은 양자비트에 **양자
연산**을 함으로써 구현되는 것이다[그림 1.10].

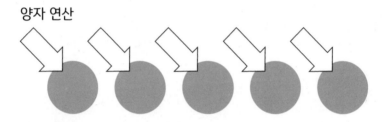

양자 연산

[그림 1.10] 양자 연산

단계 3 : 계산 결과 읽기

　계산 결과를 얻고자 양자비트의 상태를 측정해 계산 결과 정보를 읽는다[그림
1.11]. 양자비트의 상태(양자 상태)는 깨지기 쉬워서, 계산 도중 양자 연산 단계에서
불필요한 측정을 해버리면 양자 상태가 깨져 계산에 실패하고(틀리고) 만다. 그러
므로 필요한 타이밍에 주의 깊게 측정해야 한다. 이상의 3단계로 양자컴퓨터에 의
한 계산이 완료된다.

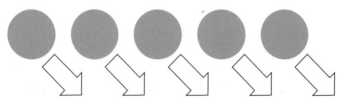

계산 결과 읽기

[그림 1.11] 계산 결과 읽기

1.2.2 양자컴퓨터의 개발 로드맵

양자컴퓨터 구현을 위한 개발 로드맵을 [그림 1.12]에 표시했다. 대체로 고전컴퓨터의 한계를 돌파하여 양자컴퓨터를 구현하는 흐름이다. 좀 더 단계적으로 들여다보면 고전컴퓨터와 양자컴퓨터 사이에 위치하는 디바이스가 현재 이미 개발되었거나 연구가 진행 중이다. 이러한 흐름을 개발 로드맵 형태로 설명하려고 한다. 각양자컴퓨터가 어떤 위치에 있는지 이해하기 위해 참고해보자.

우선 일반적인 '고전컴퓨터' 다음으로 양자성을 활용한 '비고전컴퓨터'로 일컫는장치가 개발되고 있다. 여기에는 현재의 양자 어닐러가 포함되고, 양자성을 계산에도입하려는 시도의 초기 단계이다. 그다음으로 고전계산보다 더 강력한 계산을 할수 있다는 사실이 실증된 '비만능 양자컴퓨터' 단계가 있다. 고전컴퓨터로 하기 어려운 계산을 양자컴퓨터로 효율적으로 계산할 수 있음(고전에 대한 우위성)을 나타내는 말로 양자 우위(퀀텀 슈프리머시, 양자 초월성)가 있다. 현재 개발 중인 양자 디바이스에 의한 양자 우위 입증이 주목받고 있다. 이 단계의 양자컴퓨터는 에러 내성이 불완전한 양자컴퓨터이며, 만능 양자 계산을 실행할 수 없다. 그 때문에완전한 에러 내성을 구현함으로써 최종 목표인 만능 양자컴퓨터에 도달하게 된다.만능 양자컴퓨터 구현에는 20년 또는 그 이상이 걸릴 것이라고 한다. 현재 그 이전단계의 개발이 착실히 진행되고 있으며, 양자 어닐러나 뒤에 설명할 NISQ(니스크)라는 디바이스가 개발되고 있다. 이러한 흐름을 염두에 두고 각 단계를 설명해 나가고자 한다.

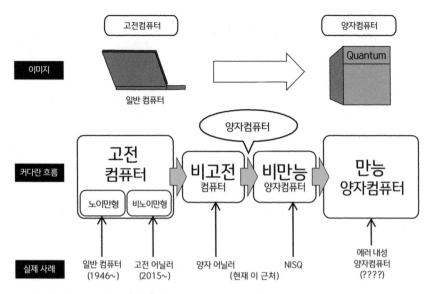

[그림 1.12] 만능 양자컴퓨터를 구현하는 흐름

노이만형에서 비노이만형 컴퓨터로

양자컴퓨터의 개발 단계를 [그림 1.12]에 따라서 차례대로 살펴보자. 우선 반드시 알아야 하는 것은 고전컴퓨터 개발의 최신 동향이다. 기존 컴퓨터의 한계를 돌파하고자 고전컴퓨터는 한층 더 계속 진화하여 비노이만형 컴퓨터 개발되고 있다. 비노이만형 컴퓨터도 고전컴퓨터라는 사실에는 변함이 없지만, 계산 원리가 여느 컴퓨터와는 다르다. 비노이만형 컴퓨터는 '정해진 문제를 빠르게 풀어내는 머신'이며, 일반 컴퓨터가 대부분 노이만형 컴퓨터라는 'CPU+메모리'로 된 기본 구성인 반면에, 그 이외의 구성으로 되어 있는 컴퓨터를 비노이만형 컴퓨터라고 한다.

▌▌▌ 용어설명

▌▌▌ 노이만형 컴퓨터

현재 가장 널리 보급된 표준 컴퓨터 아키텍처이다. '프로그램 내장' 방식이고, 'CPU(Central Processing Unit)', '메모리'와 이들을 연결하는 '버스'로 구성된다. 1945년에 천재 수학자 존 폰 노이만(John Von Neumann)이 발표한 보고서를 통해 널리 알려지게 되었다.

덧붙여 실제로는 존 에커트(John Presper Eckert)와 존 모클리(John William Mauckly)가 고안했고, 노이만이 수학적으로 발전시켰다(여러 설이 있음).

[그림 1.13] 존 폰 노이만

많은 경우 비노이만형 컴퓨터는 특정 문제에 특화해서 설계되고, 노이만형 컴퓨터보다 빠르고 전력을 적게 소비하는 계산을 목표로 한다. 즉, '정해진 문제를 빠르게 풀어내는 머신'으로서 개발되고 있다. 예를 들면, 방대한 행렬 계산에 특화된 칩이나 머신러닝의 어떤 처리에 특화된 칩이 개발되고 있다. 뉴로모픽칩이라는 신경회로를 본뜬 구성의 회로나 GPU(Graphic Processing Unit)를 사용한 고속화, FPGA(Field Programmable Gate Array) 시스템 등이 이미 개발되었다. 일부는 이미 스마트폰 등에 탑재되어 있으며, 모르는 사이에 우리는 그 혜택을 받고 있다.

양자컴퓨터도 당분간은[*2] 비노이만형 컴퓨터 중 하나로 자리매김할 수 있다. 단, GPU나 FPGA, TPU 등이 고전계산인 반면에, 양자성을 사용한 양자 계산이라는 점이 본질적으로 다르다.

---

*2 노이만형은 고전컴퓨터에 대한 명칭이고, 양자컴퓨터를 상정하지 않은 용어이다. 양자컴퓨터에서도 노이만형과 같은 메모리부외 연산부를 나눈 아키텍처가 구현될 가능성도 있으므로 '당분간'이라고 표기했다.

비고전컴퓨터

양자 계산을 목표로 하는 개발 단계의 컴퓨터를 이 책에서는 '비고전컴퓨터'라고 칭한다. 어떤 컴퓨터가 양자 계산이 실제로 이루어지는지, 즉 고전계산보다 우월한 계산을 할 수 있는지에 대한 의문에 답하기는 매우 어렵고, 많은 실험 데이터를 모으거나 이론을 구축하여 개량을 반복하는 연구 개발이 필요하다. 여기에는 어느 정도 장기간의 개발 기간이 필요하며, 이 단계에 있는 머신을 비고전컴퓨터로 묶어서 취급한다.

비고전컴퓨터는 양자성을 이용한 디바이스로 하는 양자 계산을 목표로 하며, 현재의 양자 어닐러나 소수의 양자비트 프로토타입이 포함된다. 이들 디바이스는 고전계산보다 우월한 계산 성능을 구현할 수 있음을 보여주지 않은 개발 단계의 머신이다. 고전계산보다 우월한 계산 성능을 실증하는 것을 **양자 우위**라고 한다.

||| **용어설명**

양자 우위(quantum supremacy, 양자초월성)

양자 우위란 고전컴퓨터에 대한 양자컴퓨터의 우월성을 나타내는 말이다. 고전컴퓨터로 어려운 계산을 양자컴퓨터로는 효율적으로 계산할 수 있다는 것을 보여주는 것이 양자컴퓨터 개발에서 당면한 목표이고, 각 기업에서는 이 '양자 우위'의 실험적인 입증을 목표로 한다. 단, 이를 보여주고자 사회에 유용한 계산을 할 필요는 없다. 예를 들어, 랜덤한 양자 회로 시뮬레이션처럼 특수한 태스크로 실험적인 입증이 이루어진다[그림 1.14].

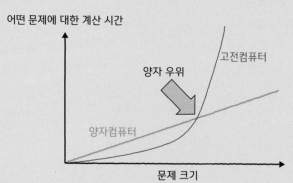

[그림 1.14] 양자 우위

1.2.5 비만능 양자컴퓨터

양자 우위를 입증한 후 확장성이나 에러 내성이 없어 아직 만능 양자 계산에 이르지 못한 개발 단계가 있다. 이 단계의 컴퓨터를 '**비만능 양자컴퓨터**'라고 한다. 예를 들어, 고정밀 50~100 양자비트를 가진 양자컴퓨터가 만들어지면, 고전컴퓨터의 한계를 일부 돌파할 (그 계산을 고전컴퓨터로 하기가 곤란하므로 양자 우위가 증명된다) 가능성이 있어, 비만능 양자컴퓨터가 구현된다. 그러나 이 비만능 양자컴퓨터가 꼭 사회에 유용한 계산을 해서 고전컴퓨터보다 더 강력하다고 할 순 없다. 그래서 비만능 양자컴퓨터를 이용한 사회에 유용한 알고리즘을 찾아내는 것이 중요한다. 이처럼 사회에 유용한 계산으로 양자컴퓨터가 고전컴퓨터의 성능을 웃도는 것을 '**양자 스피드업**' 또는 '**양자 어드밴티지**'라고 한다[3]. 양자 우위는 말하자면 학술적 의미에서 양자컴퓨터의 우월성을 말하고, 양자 스피드업 또는 양자 어드밴티지는 좀 더 실용적인 의미에서의 양자컴퓨터의 우월성을 뜻하는 말이라고 할 수 있다.

||| **용어설명**

양자 스피드업(양자 어드밴티지)

사회에 유용한 계산으로 고전컴퓨터에 대한 양자컴퓨터의 우위성을 보여주는 것을 이렇게 부르기도 한다[3][그림 1.15]. 어떤 태스크에 관하여 현재 최신예 고전컴퓨터(예를 들어 슈퍼컴퓨터)와 비교해서, 양자컴퓨터 쪽이 고속이라는 것을 보여줄 필요가 있다. 물론, 슈퍼컴퓨터에서는 그 태스크에서 가장 빠른 알고리즘을 사용하는 경우로 비교한다. 양자 스피드업이 기대되는 분야는 머신러닝이나 양자화학, 조합최적화문제 등이 있다.

양자 스피드업이 기대되는 분야

머신러닝

양자화학계산 조합최적화

[그림 1.15] 양자 스피드업

양자컴퓨터 입문

NISQ(니스크)

비만능 양자컴퓨터로서 NISQ라는 양자컴퓨터가 계속 등장하고 있다. 일반적으로 우리가 사용하는 고전컴퓨터는 노이즈의 영향으로 계산을 틀리는 경우는 없다. CPU와 메모리는 높은 정밀도로 만들어졌을 뿐만 아니라, 처리 중 에러 정정 기능을 갖추고 있어 노이즈에 매우 강하다. 보통은 사용하다 노이즈 때문에 고생하는 일은 거의 없을 것이다.

한편, 현재 구현되는 비만능 양자컴퓨터는 아직도 노이즈의 영향이 큰 것이 현실이다. 현재 가장 활발하게 개발 중인 초전도 회로를 이용한 양자컴퓨터에서는 양자 게이트 연산이나 양자비트 측정과 같은 양자 연산을 하면 0.1에서 몇 퍼센트의 에러가 발생한다. 현재는 이 에러 정정을 거의 할 수 없다. 양자컴퓨터의 에러 정정 기술은 활발히 연구되고 있지만 구현하기가 쉽지 않다. 그래서 NISQ가 주목받고 있다.

• 노이즈가 있는 중규모 양자컴퓨터 : NISQ

NISQ라는 용어는 2017년 12월 캘리포니아 공과대학의 양자컴퓨터 권위자인 존 프레스킬(John Preskill)이 'Quantum Computing in the NISQ era and beyond'라는 제목의 강연에서 도입한 용어이다. NISQ는 'Noisy Intermediate-Scale Quantum (computer)'의 앞글자를 딴 줄임말로, 노이즈가 있는 중규모(50~100 양자비트)의 양자컴퓨터라고 할 수 있다. NISQ는 현재부터 이후 몇 년에 걸쳐 개발되는 양자 회로 모델의 양자컴퓨터를 나타내는 명칭이 될 것으로 생각된다. NISQ가 양자 스피드업을 달성할 수 있을지는 아직 알 수 없다.

그러나 현재 NISQ를 이용한 양자 스피드업을 구현하는 알고리즘 연구가 한창 진행 중이다.

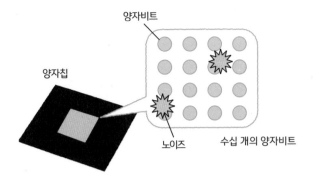

양자비트

양자칩

노이즈

수십 개의 양자비트

[그림 1.16] NISQ의 이미지

1.2.7 만능 양자컴퓨터

충분히 양자비트 수가 증가해 확장성이나 에러 내성을 획득하고, 임의의 양자 알고리즘을 실행할 수 있게 된 양자컴퓨터를 만능 양자컴퓨터라고 한다. 필자는 만능 양자컴퓨터를 인류 과학 기술의 궁극적인 목표 중 하나라고 생각한다. 왜냐하면, 양자물리학의 근사인 고전물리학 대신 더욱 보편적인 양자물리학 자체로 계산을 실행하여 지금까지 비효율적이었던 계산이 효율적으로 되고, 지금까지 고전 컴퓨터 바깥쪽에 있다고 여겨졌던 새로운 가능성이 커지기 때문이다.

만능 양자컴퓨터는 NISQ 등의 비만능 양자컴퓨터에서 양자비트 수와 정밀도를 비약적으로 높여, 오류 정정 기능(에러 내성)을 구현함으로써 구현할 수 있다고 여겨진다[그림 1.17]. 그러나 기술적 난이도가 비정상적으로 높아서 현재 기술 수준에서는 아직도 에러 정정 기능의 초기 단계 실험에 머물러 있다.

나중에 설명할 쇼어 알고리즘이나 그로버 알고리즘 같은 양자 알고리즘은 고전 컴퓨터보다 더욱 강력하다고 알려져 있다. 쇼어 알고리즘으로 암호 해독이 가능해지고, 그로버 알고리즘으로 복잡한 탐색 문제를 고속으로 풀 수 있는 가능성이 있다. 이뿐만 아니라, 만능 양자컴퓨터의 응용 분야는 앞으로 크게 확대될 것으로 기대된다.

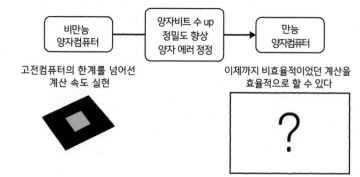

비만능
양자컴퓨터

양자비트 수 up
정밀도 향상
양자 에러 정정

만능
양자컴퓨터

고전컴퓨터의 한계를 넘어선
계산 속도 실현

이제까지 비효율적이었던 계산을
효율적으로 할 수 있다

?

[그림 1.17] 비만능에서 만능 양자컴퓨터로

1.3 ‖ 양자컴퓨터의 미래상

고전컴퓨터는 슈퍼컴퓨터와 같은 대형에서부터 데스크톱 PC, 노트북 PC, 스마트폰, 웨어러블 디바이스 등 소형에 이르기까지 다방면에 걸쳐 있다. 이 컴퓨터들은 용도에 따라 구분되어 있다. 그럼, 양자컴퓨터는 어떻게 쓰여지게 될까?

1.3.1 양자컴퓨터의 현재

양자컴퓨터 개발 현황은 대략 앞에서 설명한 비고전컴퓨터 단계이며, 현재 클라우드에 의한 시험 이용 등이 이루어지고 있다. 이미 몇몇 기업은 시험 이용 가능한 비고전컴퓨터 환경을 구축했다. 하지만 사용할 수 있는 기능은 매우 제한적이고, 고전컴퓨터의 한계를 돌파해서 뭔가 실용적으로 도움이 되는 계산을 할 수 있는 수준은 아니다.

예를 들면, 현재 클라우드 상에서 사용할 수 있는 IBM의 양자컴퓨터 IBM Q에서는 현재 5 양자비트와 16 양자비트의 양자 회로 모델에 의한 계산을 할 수 있다[그림 1.18, 2019년 5월 시점][4]. 그러나 5 양자비트와 16 양자비트로 할 수 있는 계산은 일반적인 고전컴퓨터로도 가능하다.

즉, 5 양자비트의 양자컴퓨터는 비고전컴퓨터로 분류할 수 있지만, 실용적으로는 거의 의미가 없다는 말이 된다. 그 때문에, 현재 더욱 고성능인 양자컴퓨터를 구현하기 위한 연구 개발에 속도를 내고 있다. 양자컴퓨터가 50 양자비트, 100 양자비트가 되면 이야기가 달라진다. 현재 최고 성능의 슈퍼컴퓨터로도 정밀도가 높은 50 양자비트 정도의 양자컴퓨터가 하는 계산은 계산량이 너무 커서 시뮬레이트하기 어려워진다(양자 우위).

---

[4] 20 양자비트를 이용할 수 있는 유료 서비스도 제공한다.

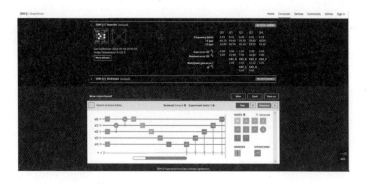

[그림 1.18] IBM의 양자컴퓨터 IBM Q(https://quantumexperience.ng.bluemix.net/qx/editor)

1.3.2 양자컴퓨터 사용 방식

비만능 양자컴퓨터가 구현되어 양자 스피드업이 가능해진 미래를 상상해보자. 양자컴퓨터는 고전컴퓨터로 해결하기 어려운 문제를 대신 떠맡는 역할을 한다. 양자컴퓨터도 시스템에 내장될 것이다. 여기서 주의할 것은 시스템의 일부라는 점이다. 양자컴퓨터는 아직은 어디까지나 전용 머신의 위치에 있다. 즉, '어떤 정해진 문제를 고속으로 해결하는 머신'으로써 이용되는 것이다. 이론적으로는 양자 회로 모델로 범용적인 양자 계산을 기술할 수 있고, 고전컴퓨터가 할 수 있는 모든 계산을 양자컴퓨터로 할 수 있지만, 실제로는 우선 고전컴퓨터의 일부를 보조하기 위해 사용될 것으로 예상된다. 현재 상황에서는 현저히 비용이 적게 들기 때문이다. 그러므로 양자컴퓨터가 한 집에 한 대씩 있다거나, 스마트폰에 탑재되는 일은 당분간 생각할 수 없는 일이다.

초전도 회로에 의한 양자컴퓨터의 예를 [그림 1.19]에 제시했다. 예를 들어, 초전도 회로를 이용한 양자컴퓨터는 희석냉동기라는 대형 냉각장치가 필요하고 제어장치도 많이 필요하다. 이런 장치를 클라우드를 경유해서 사용하는 것이 당면한 사용 방식이 될 것으로 예상된다.

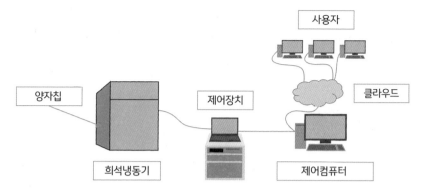

[그림 1.19] 초전도 회로에 의한 양자컴퓨터의 예

1.3.3 미래의 계산기 환경

이번에는 미래의 계산 환경을 상상해보자. 예를 들면, 필자는 10년 후엔 컴퓨터의 모습이 [그림 1.20]처럼 구성될 것이라고 상상한다. 우리가 사용하는 PC나 스마트폰, 스마트워치, 헤드마운트 디스플레이 등의 웨어러블 디바이스, 또는 스마트 가전 등이 클라우드 상의 고전컴퓨터에 무선 LAN 등으로 연결되어 있다. 이러한 기기를 사용자 인터페이스라고 한다. 그리고 무엇인가 계산하고자 할 때는 사용자 인터페이스를 연산한다. 단순한 계산이나 처리 속도가 빨라야 하는 계산은 디바이스 본체에서 하지만, 조금 복잡한 계산이나 데이터베이스와 통신이 필요한 계산은 클라우드로 연결된 고전컴퓨터에서 처리한다. 범용 머신이므로 중간 수준의 계산은 할 수 있지만, 복잡한 계산이나 대규모 계산은 계산을 잘하는 다른 컴퓨터로 대신한다. 예를 들어, 행렬 계산은 행렬 처리 전용 머신, 영상 처리는 영상 처리 전용 머신, 머신러닝은 머신러닝 전용 머신 등으로 처리한다. 이 전용 머신 중 하나에 양자컴퓨터도 포함된다. 양자컴퓨터가 잘하는 문제를 양자컴퓨터가 대신 맡는 것이다.

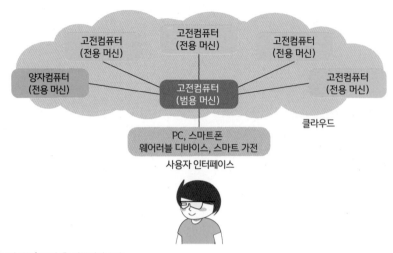

[그림 1.20] 10년 후 컴퓨터의 모습

　위에 나타낸 이미지는 어디까지나 필자의 생각이지만, 여기서 말하고자 하는 것
은 이처럼 양자컴퓨터와 고전컴퓨터가 함께 사용된다는 것이다.

　게다가 양자컴퓨터를 손쉽게 사용할 수 있는 미래가 왔다고 가정해보자. 그곳에
서는 고전컴퓨터가 모두 양자컴퓨터로 대체되느냐면, 그렇지는 않을 것이다. 왜냐
하면 양자컴퓨터를 제어하는 데 고전컴퓨터가 필수이기 때문이다. 양자컴퓨터를 만
들기 위해서는 양자성을 깨뜨리지 않는 장치를 만들어야 한다. 양자성은 매우 깨지
기 쉬우므로, 많은 전자기기나 광학기기, 측정기기 등을 구성하여 제어한다. 이 모
든 제어기기에 고전컴퓨터가 내장되어 있으므로, 양자컴퓨터를 만들기 위해서는 고
전컴퓨터가 반드시 필요하다. 아무튼, 어디를 가도 고전컴퓨터가 사라지는 일은 없
다. 고전 양자 하이브리드로 고속화를 목표로 해나가는 것이다.

[그림 1.21] 고전 양자의 하이브리드

양자컴퓨터 탄생에 이르는 여정

양자컴퓨터 탄생에는 많은 물리학자들이 관여했는데, 그 일부를 소개하고자 한다. 현재 형태의 양자컴퓨터를 제창한 최초의 논문 중 하나는 옥스포드 대학의 데이비드 도이치(David Deutsch)에 의해서 1985년에 쓰여졌다[주1]. 그 당시 일부 물리학자나 계산기 학자 사이에서는 '계산'과 '물리'의 관계에 흥미가 있었다. 예를 들어, IBM 연구소에 근무하던 롤프 란다우어(Rolf Landauer)는 '계산에 최소한 필요한 에너지는 어느 정도인가?'라는 의문을 품고, 1961년에 "란다우어의 원리"를 주장한다. 이는 메모리의 정보를 삭제할 때 열역학적 엔트로피가 증대한다는 원리로, 메모리를 삭제하는 한 반드시 열이 발생하여 에너지를 소비한다는 열역학과 계산의 관계를 밝혔다. 같은 IBM의 찰스 베넷(Charles H.Bennett)은 란다우어와 함께 1982년에 계산 그 자체는 에너지 소비 없이 실시할 수 있음을 보이고, 에너지 소비 없는(양자 계산의 성질 중 하나인) 가역 계산을 주장했다.

계산에는 (메모리를 지우지 않고 가역 계산을 사용하면) 에너지 소비가 필요 없다는 계산의 물리 법칙이 밝혀질 무렵, 그때까지의 계산이 고전물리에 입각한 계산이라는 사실을 깨달은 사람이 도이치였다[주2]. 그는 더욱 정확한 물리인 양자역학에 입각해 계산할 필요가 있다고 생각해, 1985년에 양자컴퓨터에 관한 최초의 논문을 썼다. 그러나 이 논문에서는 양자컴퓨터에 의해 압도적으로 빨라지는 문제가 존재한다는 것을 보여주지 않았으며, 평균 계산 시간도 고전컴퓨터와 다르지 않다고 결론지었다. 여기에 주목한 사람이 리처드 조사(Richard Jozsa)이고, 그는 도이치와 함께 도이치-조사 알고리즘을 발견한다. 이 알고리즘은 처음으로 고전컴퓨터를 능가한다는 사실을 보여준 양자 알고리즘이며, 그 후 피터 쇼어(Peter Shor)의 쇼어 알고리즘이 1995년에 제안되어, 양자 계산이 단숨에 각광을 받게 되었다.

양자컴퓨터의 아버지로서 리처드 파인만(Richard Feynman)도 유명하다. 그는 1982년에 양자 역학을 따르는 컴퓨터의 필요성을 주장했다. 양자역학을 따르는 현상을 컴퓨터로 시뮬레이트하기 위해서는 양자역학을 따르는 양자컴퓨터라고 하는 것을 사용할 필요가 있다는 강연을 했고, 이것이 양자컴퓨터의 시작이라고 할 수 있다.

양자컴퓨터 탄생의 역사는 권말에 있는 참고문헌에 더 자세하게 실려 있으므로 참고해보자.

*주1 : 폴 베니오프, 유리 마닌도 이전부터 양자컴퓨터의 개념을 주장했지만, 현재 알려진 양자컴퓨터의 원형이 되는 이론은 데이비드 도이치의 논문이라고 알려져 있다.

*주2 : 계산 물리 연구회 친목 모임에서 찰스 베넷과 했던 논의가 계기가 됐다고 한다.

양자컴퓨터 입문

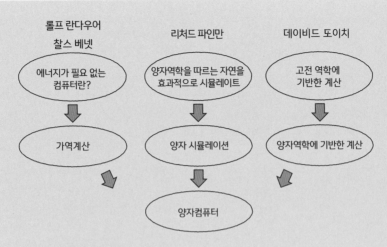

[그림 1.22] 양자컴퓨터 탄생에 이르는 여정

제2장

양자컴퓨터에 거는 기대

이제 양자컴퓨터의 개요를 이해했으니, 이 장에서는 구체적으로 양자컴퓨터가 활약할 수 있는 문제에 관해서 다루고자 한다. 앞에서 고전컴퓨터 시스템 일부에 양자컴퓨터가 도입되어 고전컴퓨터로 해결하기 어려운 문제를 대신한다고 설명했다. 그렇다면, 고전컴퓨터로 해결하기 어려운 문제란 도대체 어떤 것일까?

2.1 ‖ 고전컴퓨터가 어려워하는 문제란?

일반적으로 컴퓨터를 사용하다가 어려운 문제를 풀 수 없거나 계산이 끝나지 않은 적은 별로 없을 것이라고 생각한다. 그러나 대규모 시뮬레이션, 암호, 최적화 등의 분야에서는 여전히 고전컴퓨터로 풀 수 없는 문제가 많다. 고전컴퓨터로는 어떤 문제가 풀리지 않는지(어려운지) 알아보자.

2.1.1 다항식 시간에서 풀 수 있는 문제

먼저, 여기서 말하는 **고전컴퓨터가 어려워하는 문제**란, 일반적으로는 '다항식 시간에서 해법이 알려지지 않은' 문제로 정의된다. [그림 2.1]을 보자.

그림을 보면 어떤 문제든 반드시 입력이 있다. 프로그램에서 말하는 **인수**라는 것이다. 그리고 풀 수 있는 문제란 입력(인수) 수(입력 크기)에 대하여 계산해야 하는 횟수가 그다지 증가하지 않는 문제를 말한다. 예를 들어, '입력한 수 중에서 최댓값을 구하는 문제'를 생각해보자. 입력 수가 6개일 때는 하나씩 대소 관계를 비교해 계산하면 대략 6회의 계산으로 답을 구할 수 있다. 입력한 수가 10개면 10회, 100개면 100회이므로, 최댓값을 구하는 문제에서 계산 횟수는 입력 크기 N에 대하여 N회의 계산 횟수가 필요하다.

그 밖에도 '입력 수의 합계를 구하는 문제'도 N회, '입력한 수 중에서 나머지가 최대가 되는 두 개의 쌍을 고르는 문제'는 리그전처럼 두 개의 쌍을 모두 계산하면 되므로, 대략 N^2회가 되는 등 우리 주변에 있는 문제는 대부분 N^k(k:정수)의 다항식으로 계산 횟수를 어림할 수 있다. 이러한 대략 N^k회의 계산 횟수가 되는 문제를 N의 다항식으로 계산 시간을 어림할 수 있으므로, **다항식 시간에 풀 수 있는 문제**라고 한다.

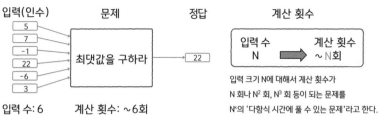

〈풀 수 있는 문제〉

입력(인수)　　　　　문제　　　　　정답　　　　　　계산 횟수

5
7
-1　　　최댓값을 구하라　　　　22
22
-6
3

입력 수: 6　　　계산 횟수: ~6회

입력 수　　　　계산 횟수
N　　　➡️　　　~N회

입력 크기 N에 대해서 계산 횟수가
N 회나 N² 회, N³ 회 등이 되는 문제를
Nᵏ의 '다항식 시간에 풀 수 있는 문제'라고 한다.

[그림 2.1] 풀 수 있는 문제의 이미지

2.1.2 다항식 시간에서 해법이 알려지지 않은 문제

반면에, 다항식 시간에서 해법이 알려지지 않은 문제란 어떤 문제일까? 예를 들어, '입력 수에서 곱이 40에 가장 가까운 조합을 구하시오.'라는 문제가 있다고 가정해보자. 일반적으로 생각하면, 입력 수의 모든 조합으로 곱을 계산하고 40에 가장 가까운 조합을 찾게 될 것이다. 조합은 입력한 수가 6개이므로, $2^6=64$개가 있다. 결국, 64번 곱셈 계산을 해서 40에 가장 가까운 조합을 찾을 필요가 있다. 이렇게 풀면, 입력 수가 10개일 때는 $2^{10}=1{,}024$회, 20개일 때는 $2^{20}=1{,}048{,}576$회, 30개일 때는 $2^{30} = 1{,}073{,}741{,}824$로 점점 늘어간다[그림 2.2].

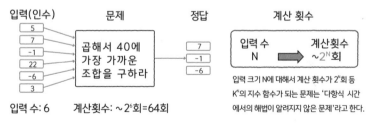

〈풀 수 없는 문제〉

입력(인수)　　　문제　　　　정답　　　　　계산 횟수

5
7
-1　　　곱해서 40에　　　　7
22　　　가장 가까운　　　-1
-6　　　조합을 구하라　　-6
3

입력 수: 6　　　계산횟수: ~2^6회=64회

입력 수　　　　계산횟수
N　　　➡️　　　~2^N회

입력 크기 N에 대해서 계산 횟수가 2^N회 등
Kᴺ의 지수 함수가 되는 문제는 '다항식 시간에서의 해법이 알려지지 않은 문제'라고 한다.

[그림 2.2] 풀 수 없는 문제의 이미지

입력 크기에 대해 K^N(K:정수)회의 계산 횟수가 필요할지도 모른다. 다시 말해, N을 크게 늘리면 지수함수적으로 계산 횟수가 증가할(지수 시간이 걸림) 가능성이 있는 문제를 **다항식 시간에서 해법이 알려지지 않은 문제**라고 하며, **고전컴퓨터가 어려워하는 문제**라고 한다. 이러한 문제에 대응할 양자컴퓨터의 활약이 기대되는 것이다. [그림 2.3]에 입력 크기 N에 대한 계산량(계산 횟수)을 나타냈다. 계산 횟수는 차수(기호: O)로 나타내는 것이 일반적이다. N의 다항식 시간과 지수 시간에서는 N이 커질수록 명확히 계산 횟수에 차이가 나는 것을 알 수 있다.

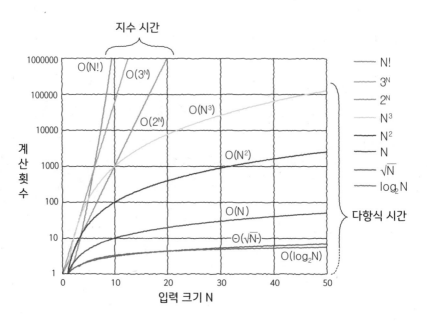

[그림 2.3] 풀 수 있는 문제와 풀 수 없는 문제의 입력 크기(입력 수) N에 대한 계산 횟수
(O는 계산 횟수의 차수를 나타내는 기호)

2.2 ‖ 양자컴퓨터가 활약하는 문제란?

그럼, 양자컴퓨터가 활약하는 문제란 도대체 어떤 문제일까? 기대할 수 있는 효과에 대해 알아보자.

2.2.1 양자컴퓨터가 활약하는 문제

우선, 고전컴퓨터가 어려워하는 문제로 흔히 예를 드는 것이 '조합최적화문제', '소인수분해', '암호 해독', '양자화학계산', '머신러닝의 학습', '복잡한 물리 현상 시뮬레이션' 등이다. 이 중에서 양자컴퓨터가 잘하는 문제가 몇 가지 있다. 여기서 주의할 점은 고전컴퓨터가 어려워하는 모든 문제를 양자컴퓨터로 풀 수 있는 것은 아니고, 고전컴퓨터가 어려워하는 문제 중 일부를 양자컴퓨터로 고속화할 가능성이 있다는 것이다[그림 2.4]. 물론 양자컴퓨터로도 풀기 어려운 문제가 많이 존재한다. 그리고 전 세계의 연구자들이 양자컴퓨터가 유용해질 양자 알고리즘을 연구 중이다. 그럼, 각 방식을 예를 들어 알아보자.

양자컴퓨터에 거는 기대

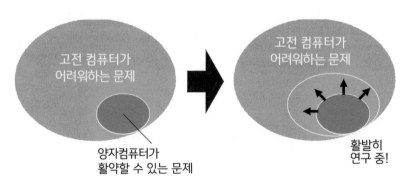

[그림 2.4] 양자컴퓨터가 활약하는 문제

2.2.2 가까운 미래에 기대되는 효과

양자 회로 모델과 양자 어닐링 분야에서 각각 가까운 미래에 기대되는 효과에 대해 알아보자.

• 양자 회로 모델

양자 회로 모델의 양자컴퓨터는 전 세계의 기업이나 연구 기관에서 연구 개발이 진행되고 있다. 특히, 현재 수십에서 수백 양자비트 구현을 목표로 연구 개발이 가속화되고 있다. 이 수십에서 수백 양자비트 양자컴퓨터는 양자화학 계산이나 머신러닝에 활용할 수 있을 것이라고 기대된다.

양자화학 계산은 약품 개발이나 신재료 개발에 이용된다. 새로운 약을 개발하거나 고기능 재료를 개발할 때 실험을 반복할 뿐만 아니라, 계산을 통해 실험 결과를 예측할 수 있다면 짧은 시간에 효율적으로 개발을 진행한다. 양자화학 계산의 정확도를 높이려면 양자역학의 방정식을 가능한 한 근사하지 않고 계산할 필요가 있는데, 그럴 경우 고전컴퓨터로는 계산량이 방대해진다. 양자컴퓨터는 이 방대한 계산 부분을 효율적으로 실행할 수 있는 가능성이 있으며, 현재 그 구현을 위한 양자 알고리즘 연구가 진행 중이다. 또한, 머신러닝 분야에서도 양자컴퓨터의 활약이 기대된다. [그림 2.5] 현재 엄청난 인기를 끌고 있는 머신러닝이지만, 역시 방대한 계산량이 숙제로 남아있다. 양자 머신러닝이라는 양자컴퓨터를 사용한 머신러닝의 성능을 향상하는 양자 알고리즘 연구가 현재 활발히 이루어지고 있다.

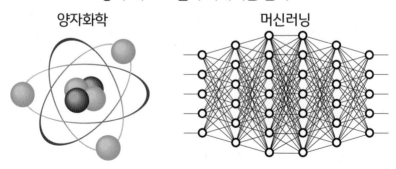

양자 회로 모델이 기대되는 분야

양자화학   머신러닝

[그림 3.5] 양자컴퓨터(양자 회로 모델)가 기대되는 분야

• 양자 어닐링

양자 어닐링은 D-Wave System에서 이미 2000 양자비트의 양자 어닐러를 구현했으며, 양자비트 수로 보면 양자 회로 모델보다도 진보가 빠른 것처럼 느껴진다. 하지만 D-Wave System의 양자 어닐링에 이용된 양자비트는 현재의 양자 회로 모델에 쓰이는 것보다 **코히어런스(coherence) 시간**이라는 '양자성'을 유지하는 시간, 즉 양자비트의 수명이 짧다. 반면에 대규모 양자비트 수를 비교적 구현하기 용이하다는 특징이 있다.

2000 양자비트의 양자 어닐러로 소규모 조합최적화 문제를 풀 수 있다. 조합최적화 문제란 많은 조합에서 가장 좋은 조합을 찾아내는 문제로, 다양한 곳에서 등장한다. 예를 들면, 물류에서는 최단 경로 탐색에 의한 비용 절감이나 정체 완화 등이 요구된다. 이러한 문제는 사회적으로 중요한 반면, 고전컴퓨터에서는 효율적으로 정밀도가 높은 답을 구하기 어렵기 때문에, 양자 어닐링으로 조금이나마 정밀도가 높은 답을 얻을 수 있지 않을까 기대된다. 또한, 양자 어닐러도 머신러닝에 응용하고자 연구 중이다[그림 2.6].

양자 어닐링이 기대되는 분야

조합최적화

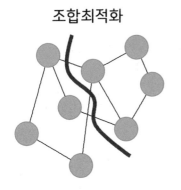

머신러닝
(샘플링)

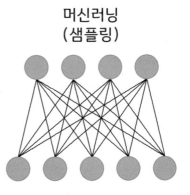

[그림 2.6] 양자 어닐링이 기대되는 분야

양자 어닐러의 특성을 이용해 머신러닝, 특히 샘플링 부분에 응용하는 연구도 이루어지고 있다.

현재의 2,000 양자비트로는 역시 다룰 수 있는 문제의 규모가 작고 한정적이다. 그러나 앞으로 더 많은 양자비트를 갖추고, 코히어런스 시간도 늘어나고, 양자비트 끼리의 결합이나 제어 정밀도가 향상된 양자 어닐러가 개발되면 응용 범위는 더욱 넓어질 것이다[그림 2.7]. 다만, 양자비트 수의 증가에 따른 노이즈 내성 저하 등이 풀어야 할 과제라고 생각된다.

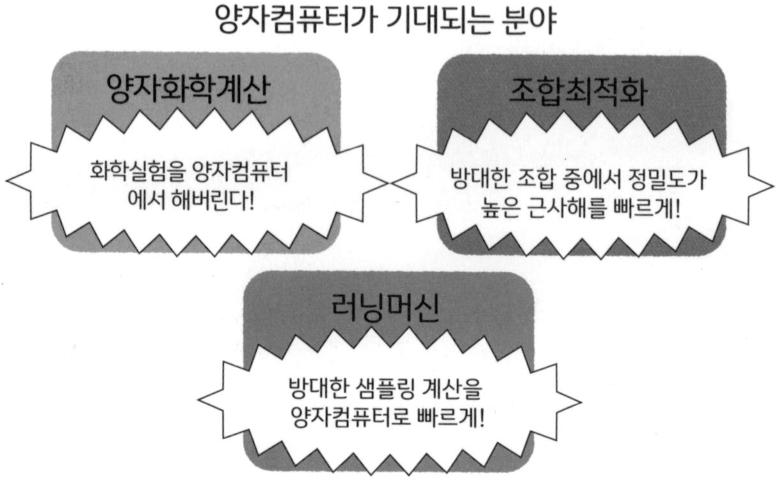

양자컴퓨터가 기대되는 분야

양자화학계산
화학실험을 양자컴퓨터에서 해버린다!

조합최적화
방대한 조합 중에서 정밀도가 높은 근사해를 빠르게!

러닝머신
방대한 샘플링 계산을 양자컴퓨터로 빠르게!

[그림 2.7] 양자컴퓨터가 기대되는 분야

2.3 ‖ 양자컴퓨터가 주목을 받게 된 배경

최근 양자컴퓨터가 주목을 받는 이유(동기)는 세 가지로 나눌 수 있다. [그림 2.8]

첫째는 '양자 과학 기술의 발전'이다. 2012년 노벨 물리학상을 세르주 아로슈(Serge Haroche)와 데이비드 와인랜드(David J. Wineland)가 수상했다. 수상한 이유는 '개별 양자계에 대한 계측 및 제어를 가능하게 하는 획기적이고 실험적인 방법에 관한 업적'이다. 이것이 의미하는 바는 양자역학적인 상태를 실험적으로 제어할 수 있게 됐다는 것이다. 즉, 두 사람은 양자비트를 실험적으로 제어한 개척자인 것이다. 수상 대상이 된 연구 성과는 2000년 전후의 것으로, 그로부터 20년 가까이 지난 현재는 급속도로 이러한 연구가 발전했다. 전 세계에서 양자비트에 관한 연구 개발이 이루어지게 되면서, 일단 계산을 할 수 있고 클라우드로 이용할 수 있는 데까지 기술이 진보했다. 이 양자 기술의 성숙이 양자컴퓨터가 주목받게 된 배경이다.

둘째는 '무어의 법칙의 종언'이다. 무어의 법칙이란 인텔의 고든 무어(Gordon E. Moore)가 1965년에 경험칙에서 주장한 "반도체의 집적도(≒계산 성능)는 18개월(1.5년)마다 두 배로 증가한다."라는 법칙이다. 그렇지만 이 법칙이 슬슬 한계를 맞이하고 있다고 한다. 그 때문에 현재는 CPU의 멀티코어화, GPU에 의한 병렬 계산이나 앞서 소개한 비노이만형 컴퓨터 가속기에 의한 고속화 등 다양한 방법이 무어의 법칙 종언 후 계산 성능을 향상시킬 수 있는 방법으로 검토되고 있다. 이러한 흐름을 타고 고전컴퓨터의 한계를 돌파하는 양자컴퓨터의 구현이 큰 기대를 모으고 있다.

셋째는 '늘어가는 계산 자원 수요'이다. 심층학습(딥러닝)으로 대표되는 머신러닝 기술이 점점 확산하여 자율 주행이나 인공지능 등이 생활 곳곳에 침투하기 시작해, 우리의 일상은 향후 몇 년 사이에 일변할 것이라고 예상하고 있다. 또한, 블록체인이나 블록체인을 이용한 가상화폐 등도 많은 주목을 받고 있다. 이러한 기술은 방대한 계산 처리에 입각한 기술이기 때문에, 위와 같이 무어의 법칙 종언 후에도 계속 계산 성능을 향상해야 한다고 많은 사람이 생각하고 있다.

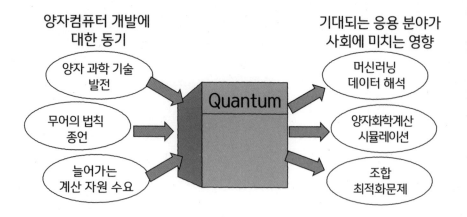

[그림 2.8] 양자컴퓨터가 주목받는 이유

계산량 이론

어떤 문제를 고전컴퓨터로 풀 수 없고, 그 중 어떤 문제를 양자컴퓨터로 풀 수 있는지, 애초에 세상에는 어떤 문제가 존재하는지와 같은 의문을 연구하는 연구 분야가 있다. **계산복잡도**라는 분야로, 여기서는 추상적인 수학을 이용해 계산의 난도를 분류한다. 앞에서 설명한 '다항식 시간에서 풀 수 있는 문제'나 '다항식 시간에서 해법이 알려지지 않은 문제' 등은 계산복잡도 이론으로 명확히 정의되어 있다.

간단히 말하자면, 고전컴퓨터가 비교적 쉽게 (다항식 시간으로) 풀 수 있는 문제를 P(Polynomial time) 클래스로 정의했다. 또한, 답이 맞다는 것을 확인하기 비교적 쉬운(다항식 시간으로 할 수 있는) 문제의 집합을 NP(Non-deterministic Polynomial-time) 클래스로 정의했다. 이 NP 클래스에는 올바른 답을 찾기가 비교적 곤란한 문제도 포함되어 있다.

그리고 NP 클래스는 P 클래스를 포함하지만, NP 클래스에 속하는데 P 클래스에 속하지 않는 문제가 존재하는지는, 'P≠NP' 예상이라는 수학의 미해결 문제 중 하나이다. 이러한 클래스는 굉장히 많이 있으며, 아래 사이트에 정리되어 있다.

The ComplexityZoo : https://complexityzoo.uwaterloo.ca/Complexity_Zoo

양자컴퓨터로 다항식 시간 내에 풀 수 있는 문제의 클래스도 정해져 있다. 'BQP(Bounded-error Quantum Polynomial-time)'라고 하며, 'BQP' 클래스는 'P' 클래스보다 크다고 할 수 있다. 다시 말해, 고전컴퓨터로는 다항식 시간 내에 풀 수 없지만, 양자컴퓨터로는 풀 수 있는 문제, 즉 양자컴퓨터가 활약할 수 있는 문제가 '존재한다'고 믿고 있다. 하지만 이것도 완전히 증명된 사실은 아니다. 2019년 현재, 양자컴퓨터가 활약할 수 있는 문제가 몇 가지 있는데, 그 한 예가 그로버 알고리즘이나 쇼어 알고리즘이다. 알려진 양자 알고리즘은 아래 사이트에 정리되어 있다.

Quantum Algorithm Zoo : http://quantumalgorithmzoo.org/

양자컴퓨터는 원래부터 당분간 전용 머신으로서 사용하게 될 것이므로 범용성은 필요 없다. 하지만 몇 가지 문제를 고전컴퓨터보다 압도적으로 빠르게 해결할 수 있고, 그 문제가 사회에 큰 영향을 미치는 것이라면 양자컴퓨터의 존재는 매우 중요해질 것이다. 또한, 현재 활발히 연구 중이므로 양자컴퓨터가 활약할 수 있는 문제는 향후 늘어날 것이라고 기대된다.

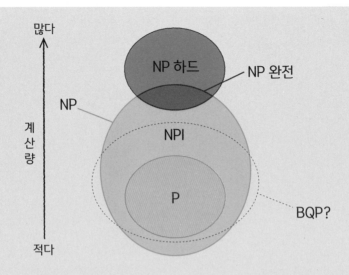

[그림 2.9] 대표적인 계산량 클래스

[표 2.1] 대표적인 계산량 클래스

계산량 클래스 명		간단한 설명	문제 예
P	Polynomial time	다항식 시간에 판정 가능한 YES/NO 문제	고전컴퓨터로 풀 수 있는 대개의 문제
NP	Non-deterministic Polynomial time	다항식 시간에 답이 YES라는 것을 검증할 수 있는 YES/NO 문제	
NP 완전	Non-deterministic Polynomial time Complete	NP 중에서 가장 어려운 문제	충족가능성 문제, 해밀턴 폐쇄로 문제 등
NP 하드	Non-deterministic Polynomial time Hard	NP보다도 어려운 문제	순회 세일즈맨 문제, 냅색 문제, MAXCUT 문제 등
NPI	Non-deterministic Polynomial time Intermediate	P와 NP 완전 사이의 문제	소인수분해 문제 등
BQP	Bounded-error Quantum Polynomial time	다항식 시간 양자 알고리즘에서 확률 2/3 이상으로 판정할 수 있는 YES/NO 문제	소인수분해 문제나 이산대수 문제 등

제3장

양자비트

이 장부터는 본격적으로 양자컴퓨터의 구조를 다룬다. 양
자컴퓨터의 구조를 이해하려면 먼저 양자비트에 대해 이해
할 필요가 있다. 양자비트는 일반적인 컴퓨터에서 이용되는
'비트'와는 성질이 크게 다르고, 양자컴퓨터에 의한 고속 계
산의 원천이 된다. 여기서는 양자비트의 기초가 되는 양자
역학의 개요부터 다루고자 한다.

3.1 ‖ 고전비트와 양자비트

양자비트를 이해하기 위해서 우선은 고전비트에 관해 대략적으로 알아야 한다. 고전비트와 양자비트는 어떠한 공통점이 있고, 무엇이 다른지 정리해 보자.

양자컴퓨터와 고전컴퓨터의 가장 큰 차이점은 각각의 컴퓨터에서 이용하는 정보의 최소 단위이다. 고전컴퓨터에서 정보의 최소 단위는 메모리 크기나 데이터 전송 속도를 나타내는 단위로 자주 사용하는 **비트**(binary digit: bit)이다(여기서는 '고전비트'라고 한다). 반면에, 양자컴퓨터에서는 '양자비트'를 사용한다. 영어로는 **큐비트**(qubit, quantum binary digit)라고 한다. 큐비트는 앞서 설명한 양자 회로 모델, 양자 어닐링 양쪽에서 공통으로 나오는 개념이다. 우선 고전비트와 양자비트의 차이를 알아보자[그림 3.1].

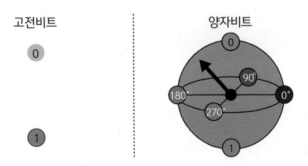

[그림 3.1] 고전비트와 양자비트의 차이

3.1.1 고전컴퓨터의 정보 최소 단위 '고전비트'

고전컴퓨터에서는 0과 1이라는 두 가지 상태를 이용해 계산한다. 고전비트는 0이나 1 중 어느 하나의 상태를 가진다[그림 3.2]. 이것이 취급하는 정보의 최소 단위로, 아무리 큰 정보라도 0과 1의 나열로 표현해서 계산한다. 이 정보량의 단위를 '비트(고전비트)'라고 한다. 즉, 1비트의 정보란 0과 1의 두 가지 상태 중 어느 쪽인지 알려주는 정보가 된다.

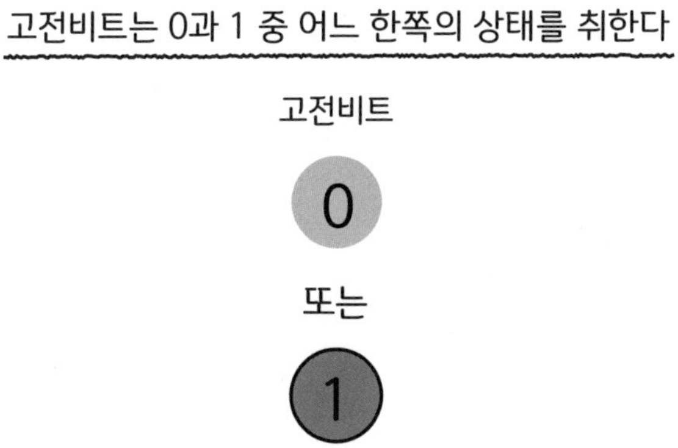

고전비트는 0과 1 중 어느 한쪽의 상태를 취한다

고전비트

0

또는

1

[그림 3.2] 고전비트

그리고 2비트라면 00, 01, 10, 11의 네 가지, 3비트라면 000~111까지의 여덟 가지 상태 중 하나를 알려주는 정보이다. 얻을 수 있는 정보의 크기가 '비트'라는 단위로 표시되어 있음을 알 수 있다. 만약 100비트라면 2^{100}가지 중에서 어느 상태인지를 알려주는 정보이다. 예를 들어, 알파벳은 모두 26글자이므로 알파벳 문자를 숫자에 대응하면 5비트(2^5=32)로 표현할 수 있다[표 3.1]. 우리가 평소 사용하는 0~9로 정보를 나타내는 방법을 십진수(십진법)라고 하고, 0과 1만으로 정보를 나타내는 방법(고전비트)은 이진수(이진법)라고 한다. 특히 컴퓨터 내부 계산에는 대부분 이 이진법이 쓰인다.

[표 3.1] 알파벳은 26글자, 2^5 = 32보다 작으므로 5비트로 표현할 수 있다

알파벳	비트 표현
A	00000
B	00001
C	00010
D	00011
E	00100
F	00101
:	
Z	11001

양자컴퓨터의 정보 최소 단위 '양자비트'

반면에 양자컴퓨터는 양자비트를 정보의 최소 단위로서 다룬다. 양자비트는 고전컴퓨터에서 다루던 고전비트와는 크게 다르다. 양자비트도 고전비트처럼 0과 1의 상태를 사용해서 나타낸다. 하지만 양자비트의 경우는 그뿐만 아니라 0과 1이 중첩된 상태를 다룬다[그림 3.3]. 이것이 기존의 고전컴퓨터와 큰 차이점이자 중요한 점이다.

양자비트는 0과 1의 중첩 상태를 취한다

[그림 3.3] 양자비트

여기까지의 내용을 정리하면 [그림 3.4]와 같다.

1 고전비트	0이나 1 중 어느 한쪽의 상태를 가진다
1 양자비트	0이나 1의 중첩 상태를 가진다

[그림 3.4] 1 고전비트와 1 양자비트의 차이

중첩 상태 표시법

양자비트의 중첩 상태는 [그림 3.5]처럼 0과 1 상태 사이의 화살표를 이용해 나타낼 수 있다. 이 표현으로 중첩 상태의 이미지를 파악할 수 있다.

이 양자비트의 화살표는 0과 1을 위아래의 정점(극)으로 하는 구체로 생각하고, 구체 표면의 한 점을 가리킬 수 있다. 즉, 양자비트는 0과 1을 극으로 하는 구체의 표면을 가리키는 화살표라고 할 수 있다. 이 구체는 '블로흐 구(bloch sphere)'라고 하며, 양자비트의 상태를 표현할 때 자주 이용된다. 블로흐 구 표면의 한 점이 양자비트의 상태를 나타낸다. 화살표가 수직으로 위 방향(지구로 말하면 북극)을 가리키면 0, 수직으로 아래 방향(지구로 말하면 남극)을 가리키면 1을 나타내며, 그 이외의 구의 표면을 가리키면 0과 1의 중첩 상태를 나타낸다. 고전비트가 0과 1의 두 가지 상태밖에 나타낼 수 없는 반면, 양자비트는 구 표면상의 모든 점을 나타낼 수 있게 된다.

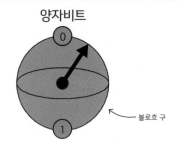

[그림 3.5] 양자비트의 화살표(블로흐 구)

앞으로 계속 중요하게 다뤄질 양자비트의 상태를 나타내는 화살표의 특징에 관해 알아보자. 지구의 어느 지점은 '위도'와 '경도'라는 2개의 양에 의해 나타낼 수 있다. 이와 같이 블로흐 구 위의 한 점은 '진폭'과 '위상'이라는 2개의 양으로만 나타낼 수 있다. 화살표의 높이(지구에서 말하는 위도)에 대응하는 것이 '진폭'이라는 양으로, 블로흐 구 위의 한 점이 0(북극)과 1(남극)에 얼마나 가까운지를 나타낸다[1].

또한, 블로흐 구를 위 또는 아래에서 보았을 때의 회전 각도(지구에서 말하는 경도)에 대응하는 것이 '위상'이라는 양으로, [그림 3.6]에서는 블로흐 구의 가로회전 방향(지구에서 말하는 적도)에 0°, 90°, 180°, 270°라고 기재되어 있다. 이처럼 양

3

양
자
비
트

*1 실제로는 화살표의 끝과 0의 점을 잇는 직선 길이의 절반이 0의 진폭이고, 화살표의 끝과 1의 점을 잇는 직선 길이의 절반이 1의 진폭으로 지구의 위도와 직접 대응하지 않는다.

자비트의 중첩 상태는 블로흐 구면상의 한 점을 가리키는 화살표로 표현할 수 있고, 또 진폭과 위상이라는 2개의 양으로 나타낼 수 있다는 특징이 있다.

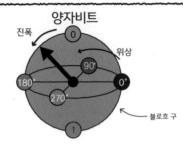

[그림 3.6] 양자비트의 화살표(블로흐 구)

3.1.4 양자비트의 측정

여기서 양자비트의 중요한 성질을 알아보자. 양자비트는 양자역학에서 오는 매우 특수한 성질이 있다. 바로 중첩 상태에 있는 양자비트를 '측정'하면, 그 전후로 상태가 크게 변해버린다는 점이다. 이에 관해 자세히 다루어보도록 하자. 양자비트의 중요한 성질을 네 가지로 정리했다.

1. 측정하기 전에는 0과 1의 중첩 상태에 있고, 블로흐 구의 표면을 가리키는 화살표로 나타낸다(진폭과 위상으로 나타낸다). [그림 3.6]
2. 이 양자비트를 '측정'[*2]하면, 확률적으로 0 상태인지 1 상태인지 결정된다.
3. 양자비트를 측정해서 0이나 1이 나올 확률은 측정하기 전에 가리키던 화살표를 0과 1을 지나는 축에 사영함으로써 정해지고, 사영된 화살표가 0에 가까우면 0이 나올 확률이 높고, 1에 가까우면 1이 나올 확률이 높다.
4. 측정으로 0이나 1의 고전비트 정보를 읽어낼 수 있고, 측정 후의 양자비트의 상태는 측정 결과와 같은 0 상태나 1 상태로 변화한다.

*2 이 책에서는 0과 1의 기저(계산기저)에서의 측정에 대하여 기술하고 있다.

우리는 양자비트의 상태를 읽기 위해 '측정'을 실시할 필요가 있다. 그러나 양자비트를 '측정'하면, 측정이라는 연산에 의해 양자비트의 상태가 변화한다. 측정 전의 양자비트가 구면 위의 한 점(0과 1의 중첩 상태)에 있었음에도 불구하고 측정 후에는 0이나 1 중 한 쪽으로 화살표가 순식간에 이동한다. 그리고 0이나 1중 어느 쪽으로 이동하는지는 확률적으로 결정되고, 그 확률은 화살표를 0과 1을 지나는 축에 '사영'한 그림자에 의해 정해진다. 왜 양자비트가 이러한 특징을 갖는지는 양자역학의 성질이므로 여기서는 깊이 다루지 않겠지만, 어쨌든 화살표의 상태로부터 0과 1이 측정될 확률을 알 수 있다.

양자비트는 측정하면 0 또는 1로 확률적으로 결정된다

[그림 3.7] 양자비트의 측정

3.1.5 화살표 사영과 측정 확률

여기서 중요한 사고방식이 '화살표의 사영'이다. '사영'이란 물체에 빛을 쏘여 그 그림자를 투영하는 것을 말한다[그림 3.8].

[그림 3.8] 사영이란 그림자를 비추는 것

여기서는 양자비트의 화살표에 0과 1을 지나는 축에 수직 방향의 빛을 쏘여, 화살표의 그림자를 0과 1을 지나는 축에 비추는 것이라고 이해하면 된다[그림 3.9]. 화살표의 그림자는 0과 1을 지나는 축 상의 어떤 높이를 가리키게 되고, 그 높이에 따라 측정 결과가 0인 확률과 1인 확률이 정해진다. 예를 들어, [그림 3.9]에서는 0이 75%, 1이 25%의 확률로 나오게 된다. 측정 전 화살표가 0에 가까우면 0이 나오기 쉽고, 1에 가까우면 1이 나오기 쉽다는 것을 알 수 있다. 그리고 측정 결과는 0이나 1이거나 어느 한 쪽이 되므로, 이는 고전비트 정보를 얻을 수 있다는 것이다.

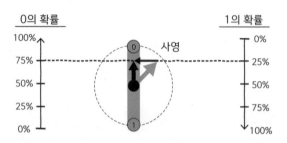

[그림 3.9] 측정으로 화살표가 사영되어, 0과 1이 나올 확률이 정해진다

이상을 정리하면 [그림 3.10]처럼 된다. 이러한 양자비트의 특수한 성질을 양자역학의 성질을 바탕으로 계속 알아보자.

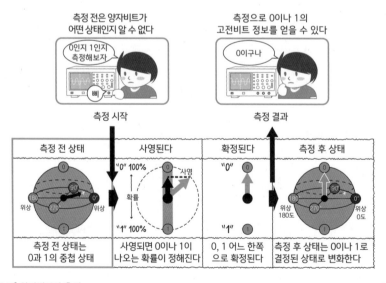

[그림 3.10] 양자비트의 측정

3.2 ‖ 양자역학과 양자비트

지금까지는 양자역학에 관한 자세한 설명을 하지 않고 양자비트를 설명했다. 그러나 양자컴퓨터가 왜 고전컴퓨터보다 본질적으로 고속 계산이 가능한지 올바르게 이해하기 위해서는 양자역학에 대한 기본 지식이 반드시 필요하다. 여기에서는 양자컴퓨터에서 사용하는 최소한의 양자역학 기초 지식을 설명하고, 양자컴퓨터가 고속으로 계산할 수 있는 원리를 알아보자.

3.2.1 고전물리학과 양자물리학

원래 양자물리학이란 원자나 전자가 몇 개 정도인 미소한 입자의 움직임을 설명하기 위해 구축된 이론으로, 이 세계에서 일어나는 현상은 대부분 양자물리학(이 책에서는 거의 같은 의미로 '양자역학'이라는 말을 사용한다)을 따른다고 할 수 있다. 우리가 평상시 보는 것은 원자가 10의 23제곱 개 정도 모여서 만들어진 큰(매크로) 입자이고, 이러한 입자의 움직임은 '고전물리학(고전역학, 전자기역학 등)'으로 설명할 수 있다. 그렇다면 고전물리학과 양자물리학은 어떤 관계일까? 답은 고전물리학은 양자물리학 이론의 근사라는 것이다[그림 3.11]. 양자물리학 이론으로 우리 생활에서 다루는 매크로한 현상, 예를 들어 '차가 달린다', '공을 차다', '전류가 흐른다'와 같은 현상을 해석하는 것도 원리적으로는 할 수 있지만, 엄밀하게 계산하려고 하면 매우 복잡한 수식이 되어 계산량이 방대해진다. 그래서 영향이 적은 부분을 근사해서 소거하고, 수식을 간단하게 정리해 가면 고전물리학에 도달하게 된다. 그리고 대부분 입자의 움직임은 고전물리학이라는 근사 이론으로도 충분히 설명할 수 있으므로 널리 이용되고 있다.

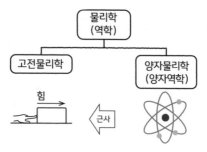

[그림 3.11] 고전역학과 양자역학의 관계

3.2.2 고전계산과 양자 계산

계산도 고전물리학과 양자역학에 대응하여, 각각 **고전계산**과 **양자 계산**이라고 한다. 그리고 고전계산을 하는 장치가 고전컴퓨터, 양자 계산을 하는 장치가 양자컴퓨터이다. 양자 계산은 고전계산과 본질적으로 달라서 고전계산으로는 도달 불가능한 고속화가 가능하다고 여겨지고 있다. 또한, 양자 계산은 고전계산 범주의 계산은 모두 가능하고 상위 호환된다[그림 3.12].

양자 계산을 구현하기 위해 양자컴퓨터는 양자역학을 따르는 양자비트를 기본 단위로 하고 양자성을 모두 사용하여 구축된다. 고전물리학으로 가는 과정에서 근사되어 소거된 미시적인 입자의 특유한 현상(양자적인 현상)을 적극적으로 사용하는 것이다. 이 양자 현상에서 가장 기본적인 것이 **파동**과 **입자**의 성질이다. 이 두 가지 성질에 대해서 자세히 알아보자.

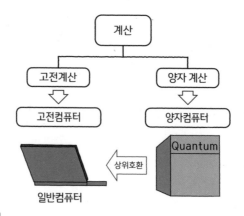

[그림 3.12] 계산의 관계

3.2.3 양자역학의 시작 : 전자와 빛

양자역학의 대상이 되는 마이크로한 물질의 대표는 전자와 빛이다. 그 밖에도 양자나 중성자, 그것들을 합한 원자나 분자, 빛 이외의 다양한 파장의 전자파도 대상이 되지만, 여기에서는 대표적인 전자와 빛 두 가지로 좁혀 설명하고자 한다[*3].

전자는 처음에 유명한 크룩스관 실험이나 밀리컨의 실험 등을 통해 그 존재가 밝혀졌고, 그러한 실험 결과로부터 전자는 작은 마이너스 전하를 띤 입자라고 생각했다. 반면에, 빛의 경우는 유명한 영의 이중 슬릿 실험 등에서 간섭이라는 파동 특유의 현상이 관찰됐으므로, 빛은 파동이라고 생각했다.

그러나 양자역학의 탄생으로 전자는 입자뿐만 아니라 파동의 성질도 함께 가진다는 것을 알 수 있었다. 한편, 빛도 파동의 성질뿐만 아니라 입자의 성질도 함께 가지고 있음을 알 수 있었다. 양자역학에서는 모든 물질이 파동과 입자의 양면성을 가지고 있는 것으로 취급한다[그림 3.13]. 양자비트는 바로 **파동**과 **입자**의 성질을 갖고 있으며, 이 두 가지 성질을 잘 이용함으로써 고속 계산을 구현한다.

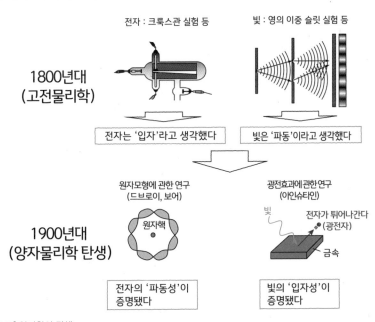

[그림 3.13] 양자학의 탄생

*3 왜 전자와 빛일까? 우리가 볼 수 있는 대부분 물질은 원자로 이루어져 있고, 그 원자는 전자와 원자핵 (양자와 중성자)으로 이루어져 있다. 전자와 원자핵의 성질을 알면 세상에 존재하는 대부분의 물질의 성질을 이해할 수 있다. 여기에서는 마이크로 세계의 대표격인 전자를 다룬다. 또한, 빛은 전자파이며, 전자파는 세상에 넘쳐흐른다. 따라서 마이크로 세계의 또 하나의 대표적인 빛을 다루었다.

파동성과 입자성

파동성과 입자성을 동시에 가진다는 것은 무슨 말일까? 먼저, 각각의 성질에 대해 알아보자. 파동과 입자의 가장 큰 차이는 공간으로 확산되는지 여부이다. 예를 들어, 연못에 돌을 던지면 수면에 물결(파문)이 연속적으로 퍼져나간다. 물결은 공간으로 퍼져가는 파동이라고 할 수 있다. 반면에, 예를 들어 깨알 한 알을 상상해보자. 깨알 입자는 공간의 한 점에 집중되어 있고 확산되지 않는다. 이렇게 생각하면 파동과 입자는 대조적인 성질을 갖고 있다고 할 수 있다[그림 3.14]. 각각의 성질을 좀 더 깊게 파고들어 보자.

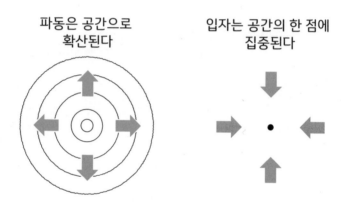

[그림 3.14] 파동과 입자

• 파동의 성질

먼저 기본적인 파동의 성질을 알아보자. 가장 기본적인 파동은 정현파(사인파)라는 [그림 3.15]에 나타낸 파동이다. 파동에는 산과 골짜기가 번갈아 있어 파동의 높이나 길이, 반복 주기, 파동의 진행 속도와 같은 성질에 따라 특징지을 수 있다. 특히, 양자컴퓨터를 이해하는 데 필요한 것은 파동 높이의 절반인 **진폭**과 파동의 주기 중 어디에 있는지 나타내는 **위상**이라는 두 가지 성질이다. 이 두 가지만 생각하면 되므로, 파동의 한 주기를 가지고 설명해 보자.

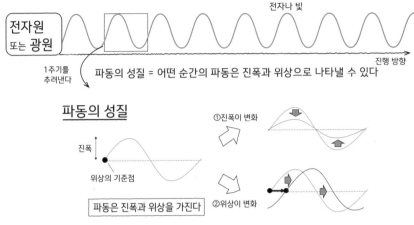

기본적인 파동(정현파)

전자나 빛

전자원 또는 광원

진행 방향

1주기를 추려낸다

파동의 성질 = 어떤 순간의 파동은 진폭과 위상으로 나타낼 수 있다

파동의 성질

진폭

위상의 기준점

①진폭이 변화

②위상이 변화

파동은 진폭과 위상을 가진다

[그림 3.15] 진폭과 위상의 역할

한 주기를 뽑아낸 파동은 산이 하나, 골짜기가 하나 있다. 이 파동의 중심 높이에서부터 산 정상, 또는 골짜기 바닥까지의 길이를 파동의 '진폭'이라고 한다. 진폭이 변화하면 파동의 골짜기의 변동량이 달라진다. 또, 이 산과 골짜기가 어느 위치에 있는지를 파동의 '위상'이라고 한다. 위상은 파동의 특정한 한 기준점의 위치로 정해도 상관없다. 예를 들어, '이제부터 산이 되기 전의 진폭이 0인 점[그림 3.15]'을 기준점으로 해서, 이 점의 위치를 위상이라고 가정하자. 제일 왼쪽 끝에 기준점이 있는 경우는 위상 0도로 한다. 위상을 변화시킬 때는 위상의 기준점을 이동시킨다. 기준점을 이렇게 주르륵 오른쪽으로 이동시키면, 가장 오른쪽까지 이동했을 때는 원래의 위상 0도의 파동과 딱 맞게 원래대로 돌아온다. 이곳이 위상 360도에 대응하고, 일주한 것이 된다. 이렇게 위상은 0도에서 360도까지 가면, 다시 0도로 돌아가려는 성질이 있다. 양자컴퓨터에서는 이 파동의 진폭과 위상이 중요한 역할을 한다.

앞에서 설명한 양자비트의 진폭과 위상은 바로 이 파동의 성질에 대응한 것이라고 할 수 있다. 양자비트의 화살표는 파동의 성질과 깊게 연결되어 있고, 동시에 진폭과 위상에 따라 나타낼 수 있다는 중요한 성질이 있다.

- 입자의 성질

이어서 입자의 성질에 대해 알아보자. 입자는 파동과 대조적으로 퍼지거나 하지는 않는다. 입자가 가진 성질은 어딘가 한 점에 존재하는 것이라고 생각할 수 있다. 그리고 입자의 존재 위치는 어떤 순간에 항상 확정되어 있다[그림 3.16].

이것은 기본적인 입자의 성질이며, 양자비트를 측정했을 때의 성질과 깊게 연결되어 있다. 다음은 양자비트의 파동과 입자의 성질에 관해 알아보자.

기본적인 입자

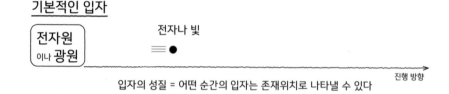

입자의 성질 = 어떤 순간의 입자는 존재위치로 나타낼 수 있다

입자의 성질

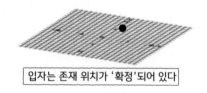

입자는 존재 위치가 '확정'되어 있다

[그림 3.16] 입자의 존재 위치

3.2.5 양자비트의 파동과 입자의 성질

공간으로 퍼져가는 파동과 공간의 한 점에 집중된 입자는 얼핏 어울리지 않는 것처럼 느껴지지만, 양자비트는 이 파동과 입자의 성질을 겸하고 있다고 볼 수 있다. 파동과 입자의 성질이 양자비트와 어떤 관계가 있는지 이미지를 설명해보자.

- 양자비트의 파동성

우선 양자비트는 0과 1의 상태를 각각 파동처럼 갖고 있다. 파동이므로 연속적이고, 0인지 1인지 알 수 없는 모호한 상태를 취할 수도 있다. 이런 상태를 '중첩 상태'라고 하며, 0과 1의 파동이 겹치는 이미지이다. 이 중첩 상태는 진폭과 위상에 의해 특징지을 수 있다. 양자 계산에서는 이 유동적인 상태를 이용하여 계산한다.

• 양자비트의 입자성

양자비트는 측정에 의해 입자의 성질이 드러난다. 여기서 측정이란 물리적으로 준비한 양자비트에 어떠한 연산을 하여 계산 결과를 읽어내는 것이다. 입자의 성질이란 어떤 확정된 존재 위치를 갖는 것이었지만, 이 존재 위치의 해석을 조금 넓혀서 '어느 하나의 값으로 확실히 결정되는 성질'이라는 뜻으로 다시 생각해보자. '확정된 상태로 결정되는 성질'이라고 표현해도 좋다. 이것이 양자역학적인 입자의 성질이다. 입자의 성질에 의해 양자비트가 어떤 상태로 확정되느냐면, 0이나 1 중 어느 하나의 상태로 확정된다. 측정하는 순간에 0과 1이 중첩된 상태로부터 0이나 1 중 하나의 상태로 정해지는 것이다.

정리하면, 양자비트는 측정하기 전까지는 파동의 성질을 유지하고 0과 1이 모호한 상태(블로흐 구로 표시되는 화살표의 상태)로 되어 있지만, 측정하면 입자의 성질을 나타내며 0이나 1로 확정되는 성질이 있다[그림 3.17].

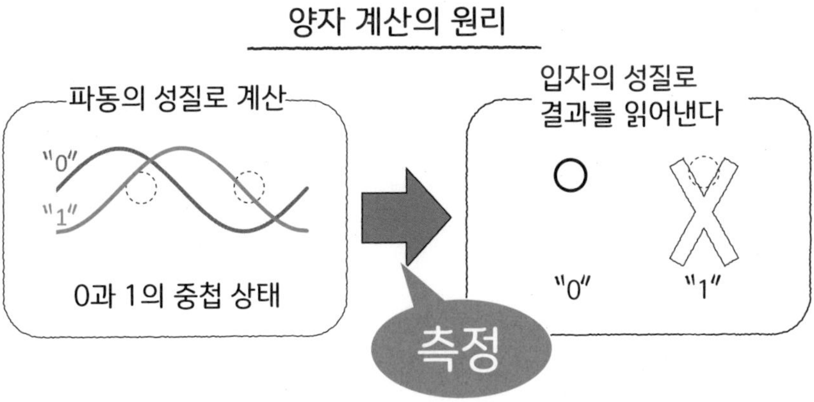

양자 계산의 원리

파동의 성질로 계산
"0"
"1"
0과 1의 중첩 상태

입자의 성질로
결과를 읽어낸다
○   ✕
"0"   "1"

측정

[그림 3.17] 양자 계산의 원리

양자비트의 측정 확률

양자역학에서 '측정'은 특별한 연산으로 생각할 필요가 있다. 파동의 성질을 갖고 있던 양자비트가 측정하는 순간에 입자의 성질을 발휘해 0이나 1 중 어느 한 가지 상태로 확정된다. 이때 0이나 1로 정해지는 확률은 측정 전 진폭 값에 의해 결정된다. 양자비트는 측정 전에 0과 1의 상태를 어떤 진폭과 위상으로 갖고 있다. 0의 진폭이 클 때는 1의 진폭이 작고, 반대로 0의 진폭이 작을 때는 1의 진폭이 큰 관계로 되어 있다[4]. 그리고 진폭의 제곱이 0과 1의 측정 확률을 나타내므로, 양자비트의 진폭을 '확률진폭'이라고도 한다. 측정하면 확률적으로 0 상태인지 1 상태인지 랜덤하게 확정되지만, 확률진폭의 제곱이 큰 쪽이 더 높은 확률로 읽혀진다. 또한, 반드시 0이나 1이 나오므로 0의 확률진폭의 제곱과 1의 확률진폭의 제곱의 합(즉, 두 확률의 합)은 언제나 1(100%)이 된다.

양자비트의 '파동'과 '입자'의 성질

'파동'의 성질 … 진폭과 위상을 가진다
  +
'입자'의 성질 … 0이나 1이 확정

'양자비트'의 성질 … 0과 1이 각각 진폭과 위상을 가진다.
'측정'하면, 진폭의 크기에 따라
0이나 1이 확률적으로 확정된다.
그 확률은 '진폭'의 두 배가 된다.

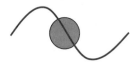

[그림 3.18] 양자비트의 파동과 입자의 성질

---

[4] 측정에 의해 블로흐 구의 0과 1을 지나는 축에 화살표를 사영했을 때, 화살표의 그림자 위치가 진폭의 2배에 대응한다는 것을 뜻한다.

3.3 ∥ 양자비트 표기법

이번에는 양자비트를 표기하는 방법에 대해 알아보자. 여기서는 브라켓 표기법과 블로흐 구, 그리고 파동에 의한 표현이라는 세 가지 표기를 사용한다. 이 표기를 이용함으로써 고속 계산의 원리를 설명할 수 있다.

3.3.1 양자 상태를 나타내는 기호(브라켓 표기법)

우선 첫째는 **브라켓 표기법**으로, 양자비트를 수식으로 표현하는 데 일반적으로 널리 이용되는 표기법이다[그림 3-19].

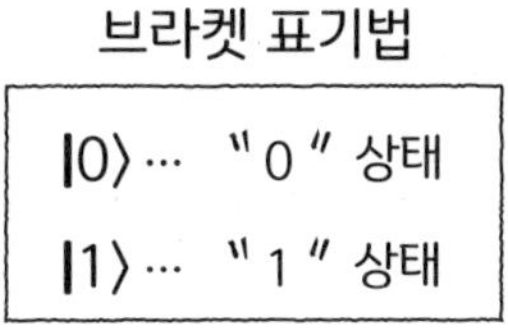

브라켓 표기법

$|0\rangle$ … "0" 상태

$|1\rangle$ … "1" 상태

[그림 3.19] 브라켓 표기법

$|0\rangle$은 0 상태에, $|1\rangle$은 1 상태에 대응한다[그림 3.20]. 이 책에서는 이 표기법을 이용한 계산 방법은 깊이 다루지 않고, 양자비트의 0 상태와 1 상태를 나타내기 위해서만 사용한다. 이 표기법을 이용해서 중첩 상태를 나타낼 수 있다.

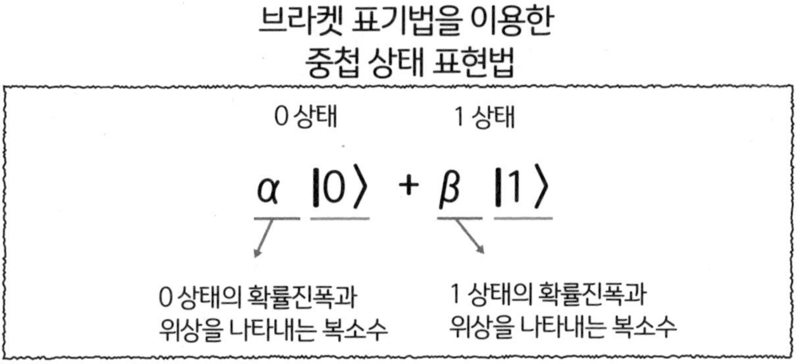

**브라켓 표기법을 이용한
중첩 상태 표현법**

0 상태   1 상태

$$\alpha \; |0\rangle \; + \; \beta \; |1\rangle$$

0 상태의 확률진폭과
위상을 나타내는 복소수

1 상태의 확률진폭과
위상을 나타내는 복소수

[그림 3.20] 브라켓 표기법을 이용한 중첩 상태 표현

중첩 상태는 덧셈으로 나타낸다. 그리고 α와 β는 각각 $|0\rangle$과 $|1\rangle$이 어느 정도의 비율로 중첩되어 있는지 나타내는 '복소수'로, 복소 진폭이라고도 한다. 복소수인 것이 핵심이며, 이를 통해 양자역학적인 중첩 상태를 표현할 수 있다. 복소 진폭은 확률진폭과 위상이라는 두 개의 실수를 이용하여 표현되며 파동을 나타낸다[후술, 그림 3.22]. 따라서 α, β라는 복소수는 각각 $|0\rangle$과 $|1\rangle$에 대응하는 파동의 상태를 나타낸다고 생각할 수 있다. 또 이 파동의 복소 진폭의 절댓값 제곱이 측정 확률을 나타낸다. 즉, $|\alpha|^2$이 측정했을 때 $|0\rangle$이 나올 확률, $|\beta|^2$이 측정했을 때 $|1\rangle$이 나올 확률을 나타낸다. 그리고 확률의 합이 1(100%)이므로 $|\alpha|^2+|\beta|^2=1$이라는 제약이 있고, 이를 충족시키는 α, β일 필요가 있다.

3.3.2 양자 상태를 나타내는 그림(블로흐 구)

블로흐 구 표현은 양자비트의 상태를 3차원적으로 표현함으로써 양자비트가 가진 확률진폭과 위상을 시각적으로 이해할 수 있는 우수한 표기법이다. 중첩 상태와 블로흐 구의 대응을 그림으로 나타내면 [그림 3.21]처럼 된다.

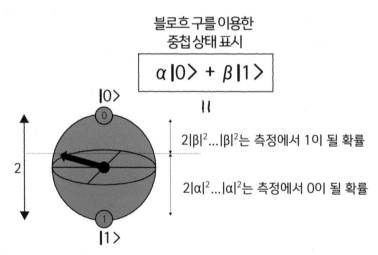

[그림 3.21] 블로흐 구를 이용한 중첩 상태 표시

브라켓 표기법에서 나온 α와 β는 각각 $|0\rangle$과 $|1\rangle$의 비율을 나타내는 복소수(복소 진폭)였다. 절댓값의 제곱이 측정해서 0이나 1을 얻을 확률을 나타낸다. 블로흐 구

에서는 이 α와 β의 절댓값의 제곱의 크기가 화살표 높이에 대응한다. 여기에서 블로흐 구의 반지름은 1(지름은 2)이며, 맨 위(0)에서부터 화살표 끝의 높이 사이의 길이가 $2|\beta|^2$이 된다. 또 맨 아래(1)에서 화살표 끝의 높이 사이의 길이가 $2|\alpha|^2$이 된다는 점에서, $2|\alpha|^2+2|\beta|^2=2$가 되고 (양변을 2로 나누면) $|\alpha|^2+|\beta|^2=1$과 일치한다.

3.3.3 양자비트를 파동으로 나타낸다

이 책에서는 블로흐 구에 더해, '한 주기의 파동 그림'을 이용해 확률진폭과 위상(또는 복소 진폭)을 나타내고, 이를 이용하여 양자비트의 상태를 설명한다. 표현하는 내용은 블로흐 구와 대응하지만, 나중에 복수의 양자비트의 상태를 표현할 때에 편리한 표현이다.

파동 표현으로는 양자비트의 |0⟩과 |1⟩ 각각의 '확률진폭'과 '위상'을 한 주기의 파동으로 나타낸다. 이는 복소수를 배울 때 나오는 극형식(복소수 표시 방식의 하나, 복소수를 극좌표로 나타내는 방법)을 사용해 복소수 α를 두 개의 실수로 나누면, sin과 cos파의 함수로 나타낼 수 있고, 파동의 진폭과 위상에 대응하는 실수 A와 ϕ를 써서 표현되는 것이라고 이해할 수 있다[그림 3.22]. 즉, 복소수 α와 β는 각각 파동을 나타내는 것이다. 이로써 복소 진폭의 절댓값이 확률진폭($|\alpha|$=A)이고, 측정 확률은 복소 진폭의 절댓값의 제곱 값, 즉 실수인 확률진폭 제곱 값이 된다는 것을 알 수 있다.

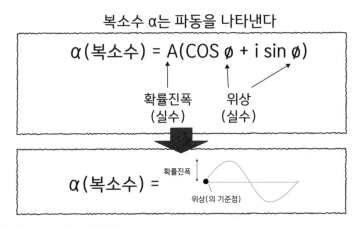

[그림 3.22] 복소수 α는 파동을 나타낸다

그럼, 위의 파동 표현을 사용하여 중첩 상태의 양자비트를 나타내보자. |0⟩에 해당하는 파동(복소수 α)과 |1⟩에 해당하는 파동(복소수 β)을 각각 한 주기의 파동으로 쓰고 세로로 나열했다. 이로써 |0⟩의 파동과 |1⟩의 파동을 시각적으로 이미지 할 수 있게 되었다. 예를 들어, [그림 3.23]과 같은 양자비트라면 |0⟩ 확률진폭이 크고 |1⟩의 확률진폭은 작기 때문에, 측정하면 확률진폭(절댓값 제곱)이 큰 쪽, 즉 |0⟩이 나오기 쉬운 양자비트 상태로 볼 수 있다.

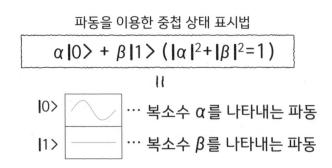

[그림 3.23] 파동을 이용한 중첩 상태 표시법

위에서 다룬 내용을 그림에 정리했다[그림 3.24]. 양자비트 상태의 3가지 표현 방법을 나타낸 것이다. 이러한 표현들은 모두 대응하므로 양자컴퓨터의 동작을 떠올리면서 이해하는 데 도움이 될 것이다.

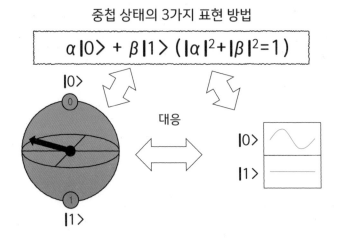

[그림 3.24] 중첩 상태의 3가지 표현 방법

3.3.4 복수양자비트 표현법

지금까지 단일 양자비트의 중첩 상태를 살펴봤다면, 이제부터는 복수의 양자비트 상태를 살펴보자. 우선, 브라켓 표기법을 이용해서 복수양자비트를 나타내는 방법이다. 예를 들어, 세 개의 양자비트가 있고, 첫 번째 양자비트가 |0⟩, 두 번째 양자비트도 |0⟩, 세 번째 양자비트는 |1⟩로 확정된 상태는 |0⟩|0⟩|1⟩로 나타낸다. |001⟩과 같이 줄여서 쓸 수도 있다[그림 3.25].

브라켓을 이용한 복수양자비트 상태 표현법

[그림 3.25] 브라켓 표기법을 이용한 복수양자비트 표현법

|001⟩은 3개의 양자비트 상태가 확정된 상태를 나타낸다. 상태가 확정되어 있으면 고전비트와 다르지 않으므로, 양자 계산의 우위성이 나오지 않는다. 양자 계산의 우위성은 적어도 중첩 상태를 사용해야 나오므로, 양자비트 특유의 중첩 상태를 나타내 보자. 예를 들어, |0⟩과 |1⟩의 중첩 상태에 있는 세 개의 양자비트를 표현해보자. 이 경우, |000⟩, |001⟩, |010⟩, |011⟩, |100⟩, |101⟩, |110⟩, |111⟩의 8가지 상태가 모두 중합된 상태이다. 1 양자비트는 |0⟩과 |1⟩ 두 가지가 중첩되고, 2 양자비트는 |00⟩, |01⟩, |10⟩, |11⟩로 네 가지가 중첩되는 것처럼, n 양자비트는 2^n가지의 중첩 상태가 되는 것이다. 이 중첩 상태는 모두 비율을 나타내는 복소수(α, β,...η)로 가중치를 부여하고 서로 더하면 되므로, [그림 3.26]과 같이 표기한다. |000⟩에 대응하는 복소수 α에서 |111⟩에 대응하는 복소수 η까지 각 복소수가 그 상태의 확률진폭과 위상을 나타낸다.

브라켓 표기법을 이용한 복수양자비트의 중첩 상태 표현법

$$\alpha|000\rangle + \beta|001\rangle + \gamma|010\rangle + \cdots + \eta|111\rangle$$

$|000\rangle$상태가 α라는 확률진폭과 위상으로 존재하고,
$|001\rangle$상태가 β라는 확률진폭과 위상으로 존재하고,
$|010\rangle$상태가 γ라는 확률진폭과 위상으로 존재하고,
$\vdots$
$|111\rangle$상태가 η라는 확률진폭과 위상으로 존재하는 상태

[그림 3.26] 브라켓 표기법을 이용한 복수양자비트의 중첩 상태 표현법

복수양자비트의 중첩 상태를 다른 표현 방법으로 나타내보자. 블로흐 구로는 잘 표현할 수 없으므로 파동에 의한 표현으로 나타내면 [그림 3.27]처럼 된다. $|000\rangle\sim|111\rangle$까지 대응하는 파동의 상태를 표기한 것이다. 1 양자비트 때와 마찬가지로 확률진폭이 클수록 측정했을 때 결과가 나오기 쉽다. 파동은 측정한 후의 모든 상태에 대응하고 하나씩 정의된다는 점에 주의하자.

'양자비트 수'가 아니라, '측정한 후의 상태 수'만큼 파동을 생각할 필요가 있다. 즉, n 양자비트의 경우는 2^n개의 파동을 다루게 된다.

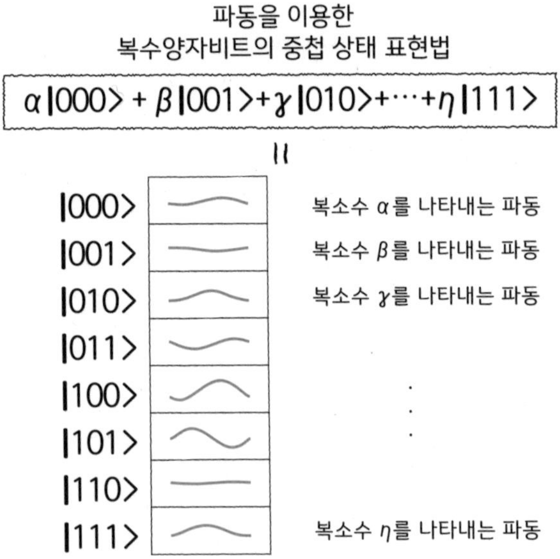

파동을 이용한 복수양자비트의 중첩 상태 표현법

$$\alpha|000\rangle + \beta|001\rangle + \gamma|010\rangle + \cdots + \eta|111\rangle$$

$\|$

$|000\rangle$	～	복소수 α를 나타내는 파동
$|001\rangle$	～	복소수 β를 나타내는 파동
$|010\rangle$	⌢	복소수 γ를 나타내는 파동
$|011\rangle$	～	
$|100\rangle$	⌣	
$|101\rangle$	∿	
$|110\rangle$	～	
$|111\rangle$	～	복소수 η를 나타내는 파동

[그림 3.27] 파동을 이용한 복수양자비트의 중첩 상태 표현법

3.3.5 정리

양자비트의 표기 방법을 정리해서 아래 그림에 나타냈다[그림 3.28].

1 양자비트의 상태는 브라켓 기법, 블로흐 구, 파동을 이용한 3가지 표현으로 나타낼 수 있다. 또, 실제로 양자 계산에서는 복수양자비트를 이용하지만, 블로흐 구에서는 복수양자비트의 중첩 상태를 잘 표현할 수 없다. 한편, 브라켓 기법과 파동에 의한 표현으로 나타낼 수 있다. 다음 장에서는 이러한 표기를 사용하여 양자 계산의 구성 요소인 양자 게이트에 대해 알아보자.

	브라켓 표기법	블로흐 구	파동에 의한 표현
1 양자비트의 중첩 상태	$\alpha\lvert0\rangle + \beta\lvert1\rangle$ $(\lvert\alpha\rvert^2+\lvert\beta\rvert^2=1)$	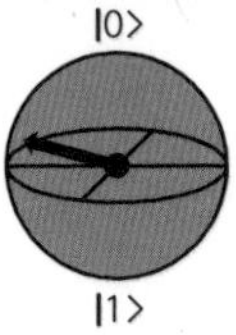 $\lvert0\rangle$ $\lvert1\rangle$	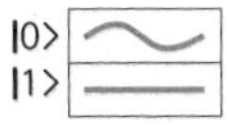 $\lvert0\rangle$ $\lvert1\rangle$
복수양자비트 중첩 상태	$\alpha\lvert000\rangle + \beta\lvert001\rangle +$ $\gamma\lvert010\rangle+\cdots+\eta\lvert111\rangle$	–	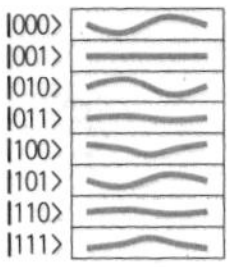 $\lvert000\rangle$ $\lvert001\rangle$ $\lvert010\rangle$ $\lvert011\rangle$ $\lvert100\rangle$ $\lvert101\rangle$ $\lvert110\rangle$ $\lvert111\rangle$

[그림 3.28] 양자비트의 표기 방법 정리

양
자
비
트

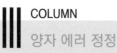

양자 에러 정정

모든 공산품에 완벽한 것은 있을 수 없다. 우리가 평소에 사용하는 고전컴퓨터도 계산 결과가 항상 옳고 완벽한 것처럼 보여도, 사실은 내부 처리에서 에러(오류)가 발생할 수 있다. 하지만 고전컴퓨터에는 이미 에러 정정 기능이 있어 에러를 자동으로 검출하고 정정하기 때문에, 우리가 평소에 사용할 때 계산 오류가 일어나는 일은 없다.

양자컴퓨터는 양자성을 계산 자원(원료)으로 이용하므로, 이 양자성이 깨지면 에러가 발생한다. 양자성은 매우 깨지기 쉬워, 깨지기까지의 시간(양자 코히어런스 시간) 안에 대규모 계산을 끝내기는 어렵다. 그 때문에 대규모 양자 계산에는 양자 에러 정정 기능이 꼭 필요하다. 에러 정정 기능이 있는 양자컴퓨터에 의한 양자 계산을 에러 내성(error-tolerant) 양자 계산이라고 한다. 에러 내성 양자 계산은 만능(유니버설) 양자컴퓨터를 구현하기 위한 현재 상황에서의 유일한 방법이며, 인류의 꿈이라고 해도 좋은 최종 목표이다. 양자 에러 정정은 고전 에러 정정과는 크게 다르다. 고전컴퓨터에서는 에러가 있는지 체크하는 기능을 넣어 에러가 있으면 수정하는 처리를 추가하면 되고, 실제로 그렇게 이루어지고 있다. 하지만 양자컴퓨터의 경우 에러가 있는지 체크하고자 양자비트의 상태를 '측정'하면, 이 측정에 의해 양자 상태가 변화해 버린다. 또한, 같은 양자 상태를 복제하는 것이 양자역학의 기본 법칙에서 허용되지 않기(양자 복제 불가능 정리) 때문에, 복제해서 에러를 체크할 수도 없다.

하지만 물리학자들은 여러 개의 양자비트를 사용하여 하나의 양자비트를 표현하는 방법을 개발해 이 어려움을 극복하는 데 성공했다. 그리고 몇 가지 유용한 양자 에러 정정 기법이 고안되었다. 예를 들어, '표면 코드'라는 에러 정정 기법이 있다. 약 1% 정도의 오류를 동반하는 양자비트 연산에 이 에러 정정 방법을 이용함으로써, 대규모 양자 계산이 이론상 가능한 것이라고 드러났다. 그래서 에러 내성 양자 계산을 구현하기 위해서 에러율 1% 이하의 양자비트를 만들어내는 일이 지상 명제가 되었다. 2014년에 UCSB(캘리포니아대학교 샌타바버라캠퍼스)의 존 마티니스(John Martinis) 연구팀이 처음으로 에러율 1%를 밑도는 양자비트 연산을 초전도 회로를 이용해 구현함으로써, 에러 내성 양자 계산 구현의 길이 보이기 시작했다. 그로부터 전 세계에서 연구가 가속화하여 현재 마티니스 연구팀은 Google과 함께 양자컴퓨터를 개발하고 있다. 아직 양자 에러 정정은 소규모로 검증을 하는 단계이며, 대규모 에러 내성 양자 계산 구현까지는 시간이 필요하지만, 착실하게 연구가 진행되고 있어 앞으로의 기대가 높아진다.

제4장

양자 게이트 입문

정보의 최소 단위인 양자비트 다음은 양자컴퓨터의 계산 방법에 관해 다루고자 한다. 이 장에서는 양자 회로 모델의 계산 방법을 알아보자.

4.1 ‖ 양자 게이트란?

양자 회로 모델은 양자컴퓨터의 가장 표준적인 계산 모델이며 양자 게이트를 이용해 계산을 실행한다. 우선은 고전컴퓨터에서 사용되는 논리 게이트와 그에 대응하는 양자 게이트에 대해 알아보자.

4.1.1 고전컴퓨터 : 논리 게이트

고전컴퓨터에서는 논리 게이트를 다수 조합해서 계산한다[그림 4.1]. 논리 게이트는 '비트에 작용하는 연산'이다. 원래 게이트(gate)는 '문'이라는 뜻인데, 비트가 이 문을 통과하면 비트의 상태가 변화해서 나오는 이미지이다. 예를 들면, AND 게이트, NAND 게이트, NOT 게이트 등이 있으며, 각각 고유의 연산을 비트에 실시한다. 그리고 이러한 논리 게이트를 조합해서 덧셈이나 곱셈, 한층 더 복잡한 계산이 가능해진다. 논리 게이트는 진리표[*1]를 이용하면 쉽게 이해할 수 있다. 그림에 대표적인 논리 게이트의 진리표를 실었다. 예컨대 AND 게이트는 입력은 2개, 출력은 1개이고, 4가지 입력 가운데 11이 들어갔을 때만 1이 나온다. 다른 논리 게이트도 동일한 진리표에 따라 그 기능이 정해져 있다.

---

*1 표를 가로 방향으로 보면, 입력과 그에 대응하는 출력 결과를 알 수 있는 표이다.

논리 게이트

NOT게이트

NOT
in —▷o— out

in	out
0	1
1	0

XOR게이트

XOR
in —)D— out
in

in		out
0	0	0
0	1	1
1	0	1
1	1	0

AND게이트

AND
in —D— out
in

in		out
0	0	0
0	1	0
1	0	0
1	1	1

NAND게이트

NAND
in —Do— out
in

in		out
0	0	1
0	1	1
1	0	1
1	1	0

OR게이트

OR
in —)D— out
in

in		out
0	0	0
0	1	1
1	0	1
1	1	1

NOR게이트

NOR
in —)Do— out
in

in		out
0	0	1
0	1	0
1	0	0
1	1	0

[그림 4.1] 논리 게이트

4.1.2 양자컴퓨터 : 양자 게이트

고전컴퓨터의 논리 게이트처럼 양자 회로 모델의 양자컴퓨터는 양자 게이트로 계산한다. 양자 게이트는 논리 게이트와 마찬가지로 '양자비트에 작용하는 연산'이다. 입력이 고전비트에서 양자비트로 바뀌고 그에 따라 연산 방법도 달라진다. 양자 게이트에도 몇 가지 종류가 있고, 진리표를 이용하면 쉽게 이해할 수 있다. 우선, 단일 양자비트에 작용하는 양자 게이트(단일 양자비트 게이트)의 진리표를 [그림 4.2]에 나타냈다. 다만, 양자비트가 앞에서 설명한 것처럼 확률진폭과 위상이라는 두 가지 성질을 갖고 있으므로 조금 복잡해진다. 여기서는 양자비트의 0 상태와 1 상태가 양자비트라는 것을 알 수 있게 $|0\rangle$과 $|1\rangle$로 바꾸어 썼다. 논리 게이트보다 조금 복잡해진 것을 알 수 있다.

양자 게이트(단일 양자비트)

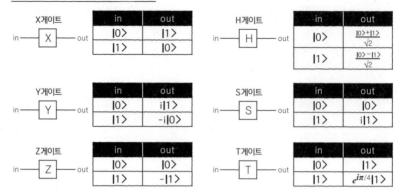

[그림 4.2] 양자 게이트(단일 양자비트)

4.1.3 단일 양자비트 게이트

진리표에도 복소수가 나와 있어 어렵게 느껴질 수도 있지만, 단일 양자비트의 양자 게이트 연산은 블로흐 구의 이미지를 사용해 생각하면 사실은 단순하다. 구의 중심에서 뻗은 화살표의 방향이 양자비트 상태에 대응한다.

그리고 양자 게이트를 통과시키는 **양자 게이트 연산**이란, 구 안의 화살표를 빙글빙글 회전하는 것에 대응한다. 위의 그림에 있는 양자 게이트는 입출력이 하나인 단일 양자비트 게이트이다. 그래서 어떤 1 양자비트가 나타내는 상태가 양자 게이트를 통과하면 다른 상태로 변화한다. 그 변화는 양자 게이트의 종류에 따라 다양하지만, 예를 들어 X게이트라면 휙하고 180도 화살표를 회전시키는 연산을 한다. 이처럼 양자비트의 상태는 블로흐 구의 화살표로 나타내고, 양자 게이트는 그 화살표를 회전시키는 연산이 된다[그림 4.3].

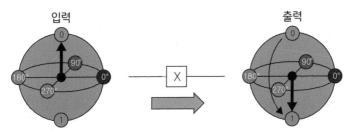

양자 게이트는 화살표의 회전 연산

[그림 4.3] 양자 게이트는 화살표의 회전 연산

4.1.4 다중 양자비트 게이트

다음으로 다중 양자비트에 작용하는 양자 게이트에 대해서도 간단히 알아보자. 고전컴퓨터의 논리 게이트에서 단일 비트에 작용하는 게이트는 NOT 게이트뿐이었다. 0이나 1뿐이므로 반전 연산 이외에 연산할 방법이 없기 때문이다. 반면에, 양자컴퓨터에서는 양자비트에 파동의 성질(확률진폭과 위상)이 있으므로, 단일 양자비트 연산에서도 위에서 보여준 많은 종류의 양자 게이트가 존재한다. 그리고 논리 게이트에 2비트 게이트가 있는데, 그에 대응하는 것이 다양자비트에 작용하는 [그림 4.4]와 같은 양자 게이트이다. 이러한 양자 게이트를 조합해서 복잡한 계산을 구현하는 것이 양자 회로 모델이다.

양자 게이트(다중 양자비트)

CNOT게이트

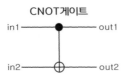

in1	in2	out1	out2
|0>	|0>	|0>	|0>
|0>	|0>	|0>	|1>
|1>	|0>	|1>	|1>
|1>	|1>	|1>	|0>

CZ게이트

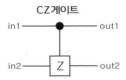

in1	in2	out1	out2
|0>	|0>	|0>	|0>
|0>	|1>	|0>	|1>
|1>	|0>	|1>	|0>
|1>	|1>	|1>	-|1>

Toffoli게이트

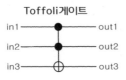

in1	in2	in3	out1	out2	out3
|0>	|0>	|0>	|0>	|0>	|0>
|0>	|0>	|1>	|0>	|0>	|1>
|0>	|1>	|0>	|0>	|1>	|0>
|0>	|1>	|1>	|0>	|1>	|1>
|1>	|0>	|0>	|1>	|0>	|0>
|1>	|0>	|1>	|1>	|0>	|1>
|1>	|1>	|0>	|1>	|1>	|1>
|1>	|1>	|1>	|1>	|1>	|0>

SWAP게이트

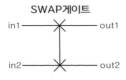

in1	in2	out1	out2
|0>	|0>	|0>	|0>
|0>	|1>	|1>	|0>
|1>	|0>	|0>	|1>
|1>	|1>	|1>	|1>

CS게이트

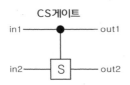

in1	in2	out1	out2
|0>	|0>	|0>	|0>
|0>	|1>	|0>	|1>
|1>	|0>	|1>	|0>
|1>	|1>	|1>	i|1>

Fredkin게이트

in1	in2	in3	out1	out2	out3
|0>	|0>	|0>	|0>	|0>	|0>
|0>	|0>	|1>	|0>	|0>	|1>
|0>	|1>	|0>	|0>	|1>	|0>
|0>	|1>	|1>	|0>	|1>	|1>
|1>	|0>	|0>	|1>	|0>	|0>
|1>	|0>	|1>	|1>	|1>	|0>
|1>	|1>	|0>	|1>	|0>	|1>
|1>	|1>	|1>	|1>	|1>	|1>

[그림 4.4] 양자 게이트(다중 양자비트)

4.2 ‖ 양자 게이트의 작용

앞에서 소개한 양자 게이트의 작용에 대해 알아보자. 모든 게이트를 다 설명하기는 어려우므로, 대표적인 X 게이트, Z 게이트, H 게이트, CNOT 게이트에 대해 설명하고자 한다.

4.2.1 X 게이트(비트 플립 게이트)

X 게이트는 '파울리의 X 게이트'라고도 하며, 이 게이트에 $|0\rangle$을 입력하면 출력으로 $|1\rangle$이 나온다. 또 $|1\rangle$을 입력하면 $|0\rangle$이 출력된다. 즉, $|0\rangle$과 $|1\rangle$을 반전시키는 게이트이고, 상태를 반전하므로 (양자 버전의) NOT 게이트이다. 또 X 게이트에 $|0\rangle$과 $|1\rangle$의 중첩 상태가 들어오면, 각각의 확률진폭과 위상(복소진폭)을 전부 반전시킨다. 이 연산을 '비트 플립'이라고 한다.

[그림 4.5]에 X 게이트의 진리표와 블로흐 구 표현, 파동에 의한 표현을 각각 나타냈다. 블로흐 구에서는 구의 북극이 $|0\rangle$, 남극이 $|1\rangle$이 되고, 이 두 점을 잇는 축을 Z축이라고 한다. 그리고 Z축에 직교하는 X축, Y축을 설정한다. X 게이트라는 이름의 유래는 이러한 설정의 블로흐 구에서 X축을 회전 중심으로 180도 회전시키는 게이트이기 때문이다. $|0\rangle$에 X 게이트를 2회 실시하면, $|0\rangle \to |1\rangle \to |0\rangle$이 되어 다시 $|0\rangle$으로 돌아온다는 것을 알 수 있다. 180도 회전을 2번 하면 360도 회전이므로, 블로흐 구 상의 모든 점은 X 게이트 2회로 원래대로 되돌아오는 성질이 있다. 반전의 반전은 원래대로라는 것이다. 또한, X축 상에 있는 $|0\rangle$과 $|1\rangle$의 균등한 중첩 상태는 X 게이트에 의해 상태를 바꾸지 않는다는 것도 알 수 있다. 파동 표현에서는 파동을 그대로 바꿔 넣으면 된다.

X 게이트

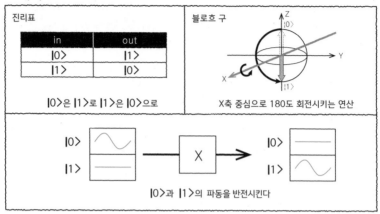

진리표

in	out
|0⟩	|1⟩
|1⟩	|0⟩

|0⟩은 |1⟩로 |1⟩은 |0⟩으로

블로흐 구

X축 중심으로 180도 회전시키는 연산

|0⟩과 |1⟩의 파동을 반전시킨다

[그림 4.5] X게이트

4.2.2   Z 게이트(위상 플립 게이트)

고전컴퓨터에서의 단일 비트 게이트는 NOT 게이트뿐이었지만, 양자컴퓨터에서의 단일 양자비트 게이트는 NOT 게이트의 양자 버전인 X 게이트 이외에도 여러 가지가 있다. Z 게이트도 그중 하나로 X 게이트가 |0⟩과 |1⟩의 반전(비트 플립)이었다면, Z 게이트는 위상 반전(위상 플립)을 하는 게이트이다.

|0⟩과 |1⟩의 위상차가 0도인 상태를 입력하면, |0⟩과 |1⟩의 위상차가 180도인 상태가 출력된다. 이는 |0⟩를 입력하면 |0⟩인 그대로, |1⟩을 입력하면 -|1⟩로 마이너스가 붙는 것과 같다. **마이너스가 붙는 것**과 **위상차가 180도 변화한다**는 것은 같은 뜻이다(3.3.3에서 나온 복소수와 파동의 관계식에서 위상 ϕ에 ϕ+180도를 넣으면 전체에 마이너스가 붙는 형태가 된다). 파동 표현으로는 |1⟩인 파동의 위상을 반전시키면 된다.

[그림 4.6]과 같이 Z 게이트는 블로흐 구상의 Z축 중심의 180도 회전 연산에 대응한다. 그래서 |0⟩이나 |1⟩처럼 중첩되지 않은 상태는 Z축 상에 있으므로 Z 게이트에서는 상태를 바꾸지 않는다[*2]. 이런 점에서 |0⟩과 |1⟩은 Z 게이트의 고유 상태라고도 하며, Z축을 계산 기저라고 한다. 많은 양자 계산 설명에서는 통상 Z축을 특

---

*2 -|1⟩ 상태는 글로벌 위상은 무시한다는 양자비트의 규칙에 따라 |1⟩과 같아진다. 글로벌 위상이란 양자비트 상태 전체에 붙은 위상항으로 양자 계산에는 기여하지 않는다.

별한 축으로 설정한다(본질적으로는 어느 축이나 같은 값이지만 기술하는 규칙으로서 그렇게 한다). X 게이트와 Z 게이트 외에 Y 게이트도 존재하며, 파울리의 X, Y, Z 게이트 모두 양자 계산에서 빈번하게 사용된다.

Z 게이트

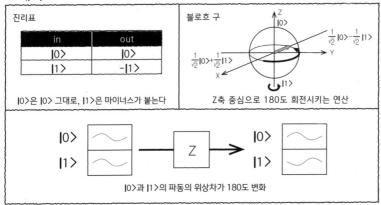

[그림 4.6] Z 게이트

4.2.3 H 게이트(아다마르 게이트)

파울리의 X, Y, Z 게이트 이외에 중요한 게이트가 H 게이트이다. H 게이트는 아다마르(Hadamard) 게이트라고 하며, 중첩 상태를 만들 때 사용한다[그림 4.7].

|0⟩을 입력하면 |0⟩과 |1⟩의 균등한 중첩 상태를 출력한다. 또 |1⟩을 입력하면 |0⟩과 |1⟩의 균등한 중첩으로 위상차가 180도 나는 상태를 출력한다. 블로흐 구에서는 Z축과 X축 사이의 45도 경사의 축을 준비해, 이 축을 회전 중심으로 하여 180도 회전시키는 게이트가 된다. 파울리의 X, Y, Z 게이트와 마찬가지로 180도 회전이므로, 두 번 연산하면 원래대로 돌아간다. 파동 표현에서는 |0⟩에만 확률진폭이 있는 경우에는 |0⟩과 |1⟩ 양쪽에 균등하게 확률진폭이 있는 상태로 변화시키면 된다. 또 |1⟩에만 진폭이 있는 경우에는 |0⟩과 |1⟩ 양쪽에 균등하게 진폭이 있는 상태로서 |1⟩의 위상만 반전시킨다.

H 게이트

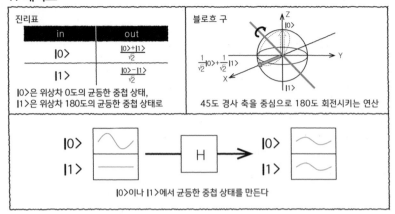

[그림 4.7] H 게이트

이상으로 단일 양자비트를 연산하는 단일 양자비트 게이트를 살펴봤다. 그 밖에도 S 게이트, T 게이트 등 다양한 게이트를 만들 수 있지만, 블로흐 구상의 회전 연산이라는 사실은 위에서 설명한 게이트와 공통된다. 단일 양자비트 게이트는 모두 블로흐 구상의 회전 연산으로 나타낼 수 있다. 또한, 위와 같이 180도 회전 연산 이외에도 임의의 회전 각도로 양자 게이트를 만들 수 있다. 결국, 양자 계산 자체도 블로흐 구상의 회전 연산의 조합이라고 할 수 있다.

4.2.4 2 양자비트에 작용하는 CNOT 게이트

이어서 두 개의 양자비트를 연산하는 양자 게이트(2 양자비트 게이트)에 대해 알아보자. 세 개 이상의 양자비트를 연산하는 양자 게이트는 단일 양자비트 게이트와 2 양자비트 게이트의 조합으로 구현할 수 있으므로, 2 양자비트 게이트까지 이해하면 충분하다. CNOT[*3] 게이트는 제어(Controlled) NOT 게이트라고 하며, 2 입력 2 출력인 게이트를 말한다[그림 4.8]. 2 입력 중 한쪽을 **제어(Control)비트**, 다른 한쪽을 **표적(Target)비트**라고 한다. 그림에는 진리표를 나타냈다. CNOT 게이트의 동작은 제어비트에 |0>이 입력되면 표적비트에 아무것도 하지 않고, 제어비트에 |1>이 입력되면 표적비트를 X 게이트(NOT, 비트 플립)로 지나게 한다.

*3 '씨낫'이라고 하며, CX게이트라고 쓰기도 한다.

제어비트의 상태에 따라 표적비트의 기능이 달라지는 것이 특징이며, 제어비트
가 표적비트를 반전시키느냐 마느냐 하는 스위치 역할을 한다.

CNOT 게이트

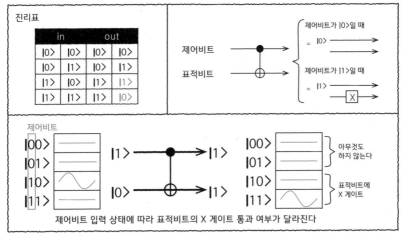

[그림 4.8] CNOT 게이트

2 양자비트 게이트는 CNOT 게이트 외에도 있지만, 위와 같이 제어비트와 표적
비트라는 사고방식이 기본이다. 표적비트가 X 게이트 이외에, 예를 들어 Z 게이트
로 지나게 하는 CZ 게이트 등이 있다.

4.2.5 H 게이트와 CNOT 게이트를 이용한 양자얽힘 상태 생성

여기서 CNOT 게이트의 제어비트에 |0〉과 |1〉처럼 확정 상태가 아니라, |0〉과 |1〉
의 중첩 상태가 입력됐을 때 어떻게 되는지 생각해보자. 이때 제어비트가 |0〉인 경
우와 |1〉인 경우를 구분하여 독립적으로 생각하면 된다. 예를 들어, '제어비트에
|0〉과 |1〉이 균등한 중첩 상태, 표적비트에 |0〉 상태'가 각각 입력됐다고 가정해보
자. 이때 출력은 '제어비트 |0〉에서 표적비트 |0〉(표적비트에 아무것도 하지 않는
다)'과 '제어비트 |1〉에서 표적비트 |1〉(표적비트에 NOT 연산)'의 두 상태가 동시
에 나타나는 중첩 상태가 된다. 이와 같이 CNOT 게이트의 제어비트나 표적비트에
중첩 상태를 넣으면 상태에 따라 구분할 필요가 있는 복잡한 중첩 상태를 만들어

낼 수 있다. 이런 상태를 '양자얽힘 상태'라고 한다.

　[그림 4.9]의 파동 표현에서는 '제어비트에 |0>과 |1>의 균등한 중첩 상태, 표적비트에 |0> 상태'를 입력하는 경우를 나타냈으므로 확인해보자. 입력 상태는 |00>이지만, 출력 상태는 |00>과 |11>의 중첩 상태로 되어 있어, 한쪽 양자비트를 측정해서 |0>이라면 다른 한쪽은 반드시 |0>이라는 것을 알 수 있다. 또 역으로 한쪽 양자비트를 측정하여 |1>이라면 다른 한쪽은 반드시 |1>이라는 것을 알 수 있다. 이처럼 한쪽이 정해지면, 자연스럽게 다른 한쪽은 '측정하지 않아도' 결정되기에 마치 두 개의 양자비트가 얽혀 있는 듯한 상태가 되어 있다는 점에서 이런 상태를 양자얽힘 상태라고 한다.

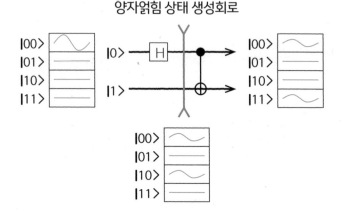

[그림 4.9] 양자얽힘 상태 생성회로의 예

4.2.6 측정(계산기저에 의한 측정)

　지금까지 양자 회로 모델의 양자 계산에 필요한 기본적인 양자 게이트를 알아봤다. 마지막으로 양자비트의 상태를 읽어내는 **측정**에 관해 알아보자.

　측정도 하나의 양자 게이트처럼 다루며, 양자비트의 상태를 변화시켜 0인지 1인지 확정하는 작용을 한다[그림 4.10]. 양자비트가 중첩 상태라도 측정하면 0이나 1의 고전비트 상태를 얻을 수 있다. 그리고 어느 쪽이 나올지는 |0>과 |1>의 비율을 나타내는 복소수(복소진폭)의 절댓값의 제곱(확률진폭의 제곱)에 의해서 확률적

으로 정해지며, |0⟩과 |1⟩의 확률진폭이 같은 고른 중첩 상태이면, 0이 나올지 1이 나올지가 50%의 등확률(50% : 50%)로 완전히 랜덤하게 된다.

측정 전에 파동의 성질을 나타내던 양자비트가 측정 후에는 입자의 성질이 나타난다고 할 수 있다[*4]. 또한, 복수 양자비트의 경우도 측정하면 어떤 하나의 상태로 정해진다. 예를 들면, 3 양자비트의 경우에는 000~111까지의 8가지 상태를 얻을 수 있는데, 측정하면 그중 하나의 상태로 확정된다. 그리고 물론 어떤 상태가 나타날지는 각 상태의 복소진폭의 절댓값을 제곱한 값으로 결정된다.

이렇게 3 양자비트를 전부 측정하는 경우를 살펴봤는데, 3 양자비트 중 1 양자비트만 측정할 수도 있다. 그런 경우 측정한 1 양자비트만 변화해 0이나 1로 정해지고, 나머지 2 양자비트는 그 영향을 받는다. 이때 나머지 2 양자비트도 첫 번째 1 양자비트 측정에 영향을 받아 각 상태에 대응하는 복소진폭(확률진폭과 위상)이 변화한다.

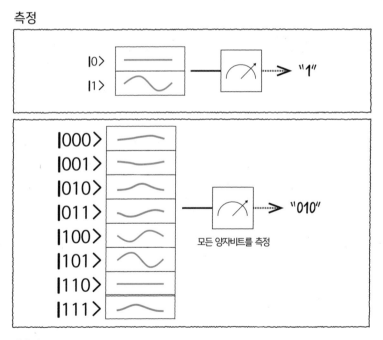

측정

[그림 4.10] 측정

[*4] 이러한 성질을 양자역학 용어로 파속의 수축이라고 한다.

측정은 양자역학 특유의 사고방식이므로 상상하기 어려울 수도 있다. 주의해야 할 점은 측정하기 전과 후에 양자비트의 상태가 변화한다는 점이다. "측정 전부터 양자비트의 상태는 사실 확정되어 있지만 우리가 모르는 것뿐이다."가 아니라, 정말로 측정이라는 행위를 하는 순간에 양자비트의 성질이 변화하는 것이다[*5] [그림 4.11]. 이렇게 생각하지 않으면 설명할 수 없는 실험 결과가 다수 존재하여, 지금은 확고한 사실이라고 여겨지고 있다. 또한, 측정하는(측정 결과를 얻는) 것이 인간일 필요가 전혀 없다. 그럼, 무엇을 측정이라고 할까? 측정을 '하다'와 '하지 않는다'의 경계는 있는 걸까? 양자 측정에 관해서는 양자 측정 이론이라는 양자물리학의 한 분야가 있다. 계속 연구되고 있는 심오한 분야이므로, 흥미 있는 독자는 이에 관한 일반 서적을 읽어보기를 추천한다.

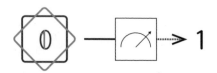

양자의 상태는 측정하기 전까지 확정되지 않는다

[그림 4.11] 양자의 상태는 측정하기 전까지 확정되지 않는다

4.2.7 양자얽힘 상태의 성질

양자역학의 매력이나 양자컴퓨터의 위력은 '양자얽힘'에 있다고 자주 거론된다. 2 양자비트의 양자얽힘(quantum entanglement) 상태는 예를 들면 앞에 설명한 대로 H 게이트와 CNOT 게이트로 만들 수 있는 양자컴퓨터에서 자주 등장하는 양자 상태의 하나이며, 아주 중요한 성질을 가지고 있다. 여기서는 양자얽힘 상태의 성질을 설명하고, 위에서 말한 측정에 관해 좀더 알아보도록 하자.

• 임의의 축에서의 양자비트 측정

양자비트 측정에는 앞에서 설명한 것처럼 양자비트의 중첩 상태를 0이나 1로 확

[*5] 이 해석을 코펜하겐 해석이라고 하며, 다른 해석도 존재한다. (참고: 콜린 브루스. 양자역학의 해석 문제 – 실험이 시사하는 '다세계'의 실재(블루백스). 고단샤, 2008)

정하고, 양자비트의 상태를 읽어내는 작용을 한다. 사실 이 측정은 '계산기저(Z축)에서의 사영 측정'으로 불리는 측정을 한 것이다. 계산기저는 블로흐 구의 Z축을 말하며, 이 측정은 '양자비트에서 |0〉이나 |1〉의 고전비트 정보를 읽어내는 측정'이라고 할 수 있다. 또한, 블로흐 구의 화살표를 Z축에 사영하는 것이므로, '사영 측정'이라고 한다[그림 4.12].

마찬가지로 다른 축(기저)에서 측정할 수도 있다. 예를 들어, 블로흐 구의 X축에 사영하는 측정을 할 수도 있다. 블로흐 구의 X축 상에는 |0〉과 |1〉이 균등한 중첩 상태에서 위상이 0도(0라디안)인 상태와 180도(π라디안)인 상태인 두 가지 상태가 있다. 여기서는 이러한 상태를 플러스(+) 상태(|+〉)와 마이너스(-) 상태(|-〉)라고 한다. 따라서 X축에서의 측정은 '양자비트에서 |+〉나 |-〉의 고전비트 정보를 읽어내는 측정'이라고 할 수 있다. 측정 후 양자비트의 상태는 측정 결과에 따라 |+〉나 |-〉 상태로 변화한다.

X, Z뿐만 아니라 블로흐 구의 중심을 관통하는 임의의 축에서 측정할 수 있다. 예를 들어, 측정하는 축의 양 끝을 |a〉, |b〉라고 이름 붙이면, '양자비트에서 |a〉나 |b〉의 고전비트 정보를 읽어내는 측정'을 할 수 있다. 이때 측정 후의 양자비트 상태는 측정 결과에 따라서 |a〉나 |b〉 상태로 변화한다.

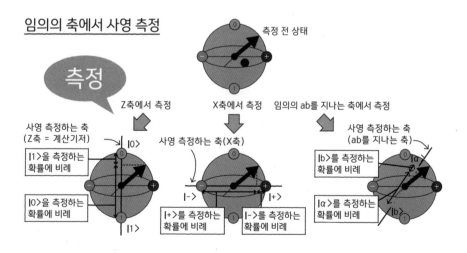

[그림 4.12] 임의 축에서의 사영 측정

• 양자얽힘 상태의 성질

여기서 양자얽힘 상태에 있는 2개의 양자비트를 여러 축에서 측정해 보면 어떻게 될까? 다음과 같은 성질이 있다.

양자얽힘 상태에 있는 2개의 양자비트를 예로 들면, 4.2.5에서 설명한 한쪽이 |0⟩일 때 다른 한쪽도 |0⟩, 한쪽이 |1⟩이면 다른 한쪽도 |1⟩이 되는 양자얽힘 상태 ((|00⟩+|11⟩)/√2)에서는 다음과 같다.

· 같은 축에서 측정하면 완전한 상관관계를 가진다[그림 4.13].
· 2개의 직교하는 축에서 측정하면 완전히 무상관(랜덤)이다.
· 2개의 임의의 축에서 측정하면, 두 축의 각도 차이에 따른 상관관계를 가진다.

양자얽힘 상태

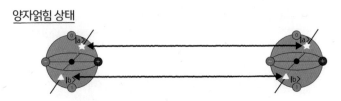

같은 축에서 측정하면 완전한 상관관계를 가진다

[그림 4.13] 양자얽힘 상태인 2개의 양자비트를 같은 축에서 측정한다

이 양자얽힘 상태의 2개의 양자비트는 같은 축에서 측정할 때는 완전한 상관관계를 가진다. 예를 들어, [그림 4.9]에서 작성한 양자얽힘 상태는 계산기저(Z축)에서 측정할 때는 한쪽이 |0⟩이면 다른 쪽도 |0⟩, 한쪽이 |1⟩이면 다른 쪽도 |1⟩이었다. 이뿐만 아니라 임의의 축에서 측정할 때도 한쪽이 |a⟩라면 다른 쪽도 |a⟩, 한쪽이 |b⟩라면 다른 쪽도 |b⟩인 상관관계가 있다. 그리고 측정해서 |0⟩과 |1⟩이 랜덤으로 나오듯 |a⟩와 |b⟩도 랜덤으로 나온다. 이런 상관관계를 양자 상관이라고 한다. 또 같은 축에서 측정하는 것이 아니라, 다른 축에서 측정하면 측정에 이용한 두 축의 각도 차이에 의해 상관의 세기가 변화한다. 두 축이 직교할 때는 상관관계가 0(자기 상관)이 된다. 예를 들어, 양자얽힘 상태인 2개의 양자비트를 하나는 Z축 측정, 다른 한쪽은 X축에서 측정하면 한쪽 |0⟩과 |1⟩의 출현과 다른 |+⟩ 과 |-⟩의 출

현은 완전하게 랜덤(자기 상관)이 된다.

이러한 성질은 양자얽힘 상태의 종류가 다르면 달라지지만 그 본질이 변하지는 않는다. 예를 들어 직교한 축에서 측정하여 완전한 상관관계가 나오는 양자얽힘 상태를 만들 수도 있는데, 그런 경우는 같은 축에서 측정하면 무상관이 된다.

양자 상관관계는 고전적인 현상에서는 결코 구현할 수 없는 양자 특유의 현상이다('벨의 부등식 깨짐'이나 '아스페의 실험'을 키워드로 조사해 보면 이해가 깊어질 것이다). 따라서, 양자 계산에서도 중요한 역할을 담당하고 있다고 할 수 있다. 앞으로 설명할 양자 텔레포테이션은 양자얽힘의 성질을 이용한 응용 예(양자 회로)이다.

4.3 ‖ 양자 게이트의 조합

지금까지 양자 회로의 구성 요소인 양자 게이트의 기능에 관해 알아보았다. 이제, 양자 게이트를 조합해서 다른 양자 게이트를 구축하거나 간단한 양자 회로를 구축함으로써 기본적인 양자 계산을 해보자.

4.3.1 SWAP 회로

우선은 양자 게이트를 조합해 다른 작용을 하는 양자 게이트를 구성하는 예로서 **SWAP 회로**(스왑 게이트, 교환 게이트)가 있다. SWAP 회로는 2개의 양자비트의 상태를 교환하는 회로이다. SWAP 회로는 CNOT 게이트 3개를 조합하여 구현할 수 있다. [그림 4.14]에 SWAP 회로의 진리표와 CNOT 게이트를 3개 사용한 등가의 구성을 나타냈다. 앞에서 설명한 CNOT의 작용을 떠올리면서 SWAP 회로의 진리표를 확인해보자. 이렇게 기본적인 양자 게이트를 조합하여 다양한 기능이 있는 양자 회로를 구성할 수 있다. 실제로 H 게이트와 T 게이트(진리표는 제4.1.2)를 잘 조합하면 임의의 단일 양자비트 연산을 구현할 수 있고, 나아가 CNOT 게이트를 조합하면 임의의 다중 양자비트 연산(즉 임의의 양자 계산)을 실행할 수 있다. 따라서 H, T, CNOT은 유니버설 게이트 세트(만능 양자연산 세트)의 한 예가 된다.

in		out	
$|0\rangle$	$|0\rangle$	$|0\rangle$	$|0\rangle$
$|0\rangle$	$|1\rangle$	$|1\rangle$	$|0\rangle$
$|1\rangle$	$|0\rangle$	$|0\rangle$	$|1\rangle$
$|1\rangle$	$|1\rangle$	$|1\rangle$	$|1\rangle$

SWAP 게이트

SWAP 회로를 CNOT 게이트로 구성

[그림 4.14] SWAP 회로

덧셈 회로

이어서 덧셈 양자 회로에 대해 알아보자. 예를 들어, 2진수 두 개의 덧셈은 [그림 4.15]와 같은 4 양자비트의 양자 회로로 계산할 수 있다[*6]. 양자 회로에서는 시간이 왼쪽에서 오른쪽으로 진행하는 것이 일반적이다. 가장 왼쪽에 |0⟩이 4개 세로로 나란히 있는 것은 각 양자비트의 처음 상태(초기 상태)를 나타낸다. 기본적으로 양자 회로 모델에서는 초기 상태를 |0000⟩처럼 모두 |0⟩ 상태로 하기로 약속되어 있다. 여기서 초기 상태는 계산의 입력이 아니라는 점에 주의해야 한다. 양자 회로에서는 계산의 입력은 양자 게이트의 조합으로 나타낸다. 또 계산의 출력(계산 결과)은 양자비트의 상태 측정 결과가 된다. 본 회로에서는 '입력 부분'에 두는 양자 게이트의 조합으로 계산의 입력을 나타낸다. 입력 방법은 [그림 4.15]에 기재되어 있다. X 게이트를 넣으면 양자비트가 |0⟩에서 |1⟩로 변화해서, '1'을 입력할 수 있다. 이 회로의 첫 번째와 두 번째 양자비트 a, b 위치의 양자 상태가 입력에 해당하고, 세 번째, 네 번째의 측정 후 상태 c, d가 출력에 해당한다. 양자 회로의 계산 부분은 3개의 양자 게이트로 구성되어 있으며, 왼쪽에서 첫 번째가 Toffoli 게이트(진리표는 4.1.4에 기재)이고, CNOT 게이트의 제어비트가 두 개로 늘어나서, CCNOT(Controlled controlled NOT) 게이트라고 한다. Toffoli 게이트는 2개의 제어비트에 |11⟩이 입력되었을 때만 표적비트에 X 게이트가 걸린다. 두 번째, 세 번째 양자 게이트는 CNOT 게이트로, 계산 결과는 3번째 양자비트의 측정 결과 c가 계산 결과의 둘째 자리, 네 번째 측정 결과 d가 계산 결과의 첫째 자리에 대응한다. Toffoli 게이트와 CNOT 게이트의 동작을 적용하면서 덧셈 회로의 진리표를 확인해보자.

[*6] 좀더 간단한 3 양자비트 회로로도 구성 가능하다. (참고: 미야노 겐지로 후루사와 아키라. 양자컴퓨터 입문(제2판). 그림 5.3, 일본평론사, 2016)

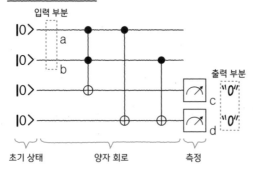

덧셈의 양자 회로

입력 부분

덧셈 회로의 진리표

in		out	
a	b	c	d
$\lvert 0 \rangle$	$\lvert 0 \rangle$	$\lvert 0 \rangle$	$\lvert 0 \rangle$
$\lvert 0 \rangle$	$\lvert 1 \rangle$	$\lvert 0 \rangle$	$\lvert 1 \rangle$
$\lvert 1 \rangle$	$\lvert 0 \rangle$	$\lvert 0 \rangle$	$\lvert 1 \rangle$
$\lvert 1 \rangle$	$\lvert 1 \rangle$	$\lvert 1 \rangle$	$\lvert 0 \rangle$

출력 부분

초기 상태　　　양자 회로　　　측정

문제 입력 방법

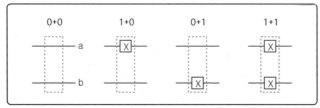
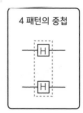

[그림 4.15] 덧셈의 양자 회로

4.3.3　덧셈 회로에 의한 병렬 계산

그런데 지금까지의 설명에서 이 덧셈 회로는 고전계산과 같은 형태의 계산밖에 할 수 없으므로 양자 계산을 하는 의미가 없다. 그래서 양자 회로 입력 부분에 X 게이트가 아닌 H 게이트를 넣어 중첩 상태를 입력해 보는 경우를 가정해 보자. [그림 4.15]의 오른쪽처럼 H 게이트를 두 개의 양자비트에 걸면 각각 $\lvert 0 \rangle$과 $\lvert 1 \rangle$이 균등한 중첩 상태가 된다. a와 b 모두 $\lvert 0 \rangle$도 $\lvert 1 \rangle$도 동시에 입력된 상태가 된다. 이런 경우에도 회로는 정상으로 동작하고, 출력 부분 c, d의 측정 전 상태는 0+0과 0+1과 1+0과 1+1이라는 4개의 계산 결과가 균등하게 중첩된 상태가 되었다. "이거야 말로 양자 계산이군! 4개의 계산을 병렬로 실행했으니 초병렬 계산이 구현됐고, 더 많은 입력 비트 수를 늘려 가면 방대한 계산도 순식간에 끝낼 수 있어!"라고 말하고 싶겠지만, 현실은 그렇게 수월하지 않다.

문제는 측정을 통해 얻는 계산 결과가 랜덤하게 선택된다는 것이다. 모처럼 '0+0과 0+1과 1+0과 1+1의 4개의 계산 결과가 균등하게 중첩된 상태'를 만들었더라도, 측정할 때 어느 것이 나올지 모르면 얻은 결과가 4개의 계산 중 어느 결과인지 알 수 없으므로 의미 있는 계산이 되지 않는다. 그래서 이 양자 회로는 고전계산은 할 수 있지만, 중첩 상태를 이용해 고전계산을 능가하는 양자 계산은 할 수 없다. 그럼, 어떻게 하면 우위인 양자 계산이 가능해질까? 이에 관해서는 [5.2 고속 계산의 원리]에서 자세히 다룰 예정이다.

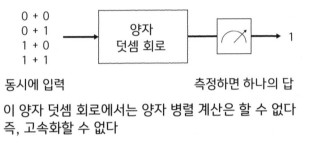

이 양자 덧셈 회로에서는 양자 병렬 계산은 할 수 없다
즉, 고속화할 수 없다

[그림 4.16] 양자 덧셈 회로에서는 양자 병렬 계산은 할 수 없다

4.3.4 가역 계산

양자 계산의 특징 중에 **가역 계산**이라는 성질이 있다. 가역 계산이란 거꾸로 되돌릴 수 있는 계산으로, 출력 상태로부터 입력 상태를 올바르게 추측할 수 있는 계산이다. 예를 들면, 고전계산의 NOT 게이트는 출력이 0이면 입력은 1, 출력이 1이면 입력은 0이라고, 출력 값에서 입력 값을 바로 추측할 수 있다. 그러므로 NOT 게이트는 가역 계산이라고 할 수 있다. 한편 AND 게이트는 출력이 1인 경우 입력이 11이라는 것을 쉽게 알 수 있다. 하지만 출력이 0인 경우에는 입력이 00이나 01이나 10이 될 수 있으므로, 이 세 가지 중 어느 것이었는지 정확히 추측해 내는 것이 불가능하다. 즉, 역산할 수 없으므로(출력에서 입력으로 계산할 수 없다) AND 게이트는 가역 계산이 아니다.

이처럼 고전계산의 AND 게이트나 NAND 게이트 등, '입력과 출력의 수가 다른' 게이트는 불가역 계산이 된다. 즉, 가역 계산이 되려면 NOT 게이트처럼 입력과 출력의 수가 같아야만 한다.

　그래서 양자 계산의 양자 게이트를 살펴보면, 모든 양자 게이트가 입력과 출력의 수가 똑같다[그림 4.17]. 즉, 양자 계산은 가역 계산이다. 가역 계산의 사고방식은 '계산하는 데 에너지가 필요한가?'와 같은 논의와 관계가 깊고, 이론적으로는 가역 계산하는 데 에너지는 필요 없다는 결론을 유도할 수 있다(란다우어의 원리). 이는 이론적인 이야기이고, 실제로 소비전력이 0인 양자컴퓨터를 만드는 것은 매우 어려울 것이라고 생각된다.

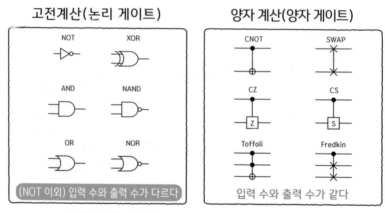

[그림 4.17] 논리 게이트는 불가역 계산, 양자 게이트는 가역 계산

양자 계산의 만능성이란

만능 양자컴퓨터의 '만능'이란 무슨 뜻일까? 이 말은 양자역학에서 설명되는 모든 현상을 계산(시뮬레이트)할 수 있다는 의미이다. 이 세계에서 일어나는 물리 현상은 대부분 양자역학으로 설명할 수 있다고 알려져 있다. 그러므로 양자역학의 기초 방정식을 정확하게 계산할 수 있다면 이론상으로는 이 세계에서 일어나는 물리현상을 대부분 설명할 수 있게 된다. 또한, 양자역학은 고전역학을 완전하게 포함하기에(고전역학은 양자역학의 근사), 고전역학을 따르는 고전컴퓨터로 계산할 수 있는 모든 문제는 양자컴퓨터로 완전하게 계산할 수 있다.

양자역학의 기초 방정식은 슈뢰딩거 방정식이라고 한다. 이 방정식에서 도출되는 결과는 지금까지 해 온 다양한 실험 결과와 모두 일치하므로, 슈뢰딩거 방정식은 올바른 것이라고 믿어지고 있다.

이 슈뢰딩거 방정식이 의미하는 것은 양자역학에 따르는 모든 물리 현상은 단위 시간 변화라는 방법으로 시간 변화해 나간다는 것이다. 자연은 단위 시간 변화에 의해서 이 세계를 변화시키고 있다. 따라서 단위 시간 변화를 계산할 수 있다면 양자역학으로 설명되는 모든 현상을 계산할 수 있게 된다. 그리고 양자컴퓨터는 확실히 양자비트의 단위 시간 변화를 계산하는(단위 변환을 실시하는) 장치라고 생각할 수 있다. 양자 계산이란, 즉 단위 시간 변화의 계산이다. 양자 계산(단위 시간 발전, 단위 변환)은 양자 게이트의 조합으로 나타낼 수 있다. 따라서 모든 단위 시간 변화(단위 변환)를 계산할 수 있는 장치를 '만능' 양자컴퓨터라고 한다.

그럼 어떤 양자컴퓨터가 만능인지 어떻게 알 수 있을까? 양자컴퓨터의 만능성을 나타내기 위해서는 양자 회로 모델의 경우 몇 개의 양자 게이트 세트가 필요한 것이라고 알려져 있다. 고전컴퓨터에서는 예를 들어 NAND 게이트만 있으면 그 조합으로 모든 고전계산을 구현할 수 있다. 양자컴퓨터에서는 '단일 양자비트 게이트와 CNOT 게이트'가 있으면 만능성을 나타낼 수 있다. 또한, 단일 양자비트 게이트는 H 게이트와 T 게이트가 있으면 조합해서 만들 수 있기 때문에, 'H 게이트, T 게이트, CNOT 게이트' 세트가 있으면 만능성을 나타낼 수 있다. (S 게이트는 에러 정정에 필요) 이러한 만능성을 나타내는 게이트 세트 편성을 실제 기기로 구현하는 것이 만능 양자컴퓨터 개발의 최대 목표이다.

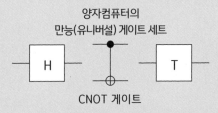

양자컴퓨터의
만능(유니버설) 게이트 세트

CNOT 게이트

[그림 4.18] 양자컴퓨터의 만능 게이트 세트

제5장

양자 회로 입문

양자 회로 모델에서는 양자 회로를 구축함으로써 양자 계산을 한다. 이 장에서는 양자 회로를 이용해 간단한 양자 계산의 예를 설명하고, 양자 계산의 고속화 메커니즘에 대해 알아보자.

5.1 ║ 양자 텔레포테이션

양자 텔레포테이션이라는 유명한 양자 연산에 관해 알아보자. 양자 텔레포테이션은 심플한 양자 회로의 예로서, 계산뿐만 아니라 다양한 양자적인 물리 현상을 표현하는 데 유용함을 알 수 있는 예가 된다. 또한, 측정형 양자 계산이라는 양자 계산 방법의 기초가 되는 중요한 예이다.

5.1.1 상황 설정

양자 텔레포테이션 상황 설정에 대해 알아보자. A씨와 B씨가 멀리 떨어진 곳에 있고 A씨가 1 양자비트의 양자 상태 $|\Psi\rangle$를 B씨에게 보내고 싶어 한다. $|\Psi\rangle$는 $|0\rangle$과 $|1\rangle$의 중첩 상태에 있지만, 비율을 나타내는 계수 α와 β는 A씨도 B씨도 모른다. 그리고 A씨와 B씨는 고전적인 통신(고전 통신, 예를 들면 전화나 메일 등)을 할 수 있는 통신로만 가지고 있다. 이래서는 양자 상태를 보낼 수 없다. 양자 상태는 측정하면 깨지므로, 측정해서 고전정보(고전비트)로 보내면 원래의 양자 상태를 재현할 수 없었기 때문이다[그림 5.1]. 그래서 A씨는 B씨에게 양자 상태를 '파괴하지 않고' 보낼 방법을 궁리하고 있다.

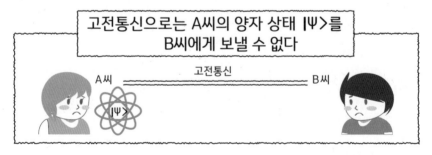

[그림 5.1] 양자 텔레포테이션

양자 상태를 파괴하지 않고 고전통신을 이용해 보내는 방법이 양자 텔레포테이션이다. 이를 위해서 우선 A씨와 B씨는 멀리 떨어지기 전에 **양자얽힘 상태**의 2 양자비트를 만들어 1 양자비트씩 사전에 갖게 한다. 양자얽힘 상태란 특수한 상관(양자 상관)을 가진 2개의 양자비트를 말하며, 4.2.5에서 소개한 양자 게이트로 만들어 낼 수 있다. |00⟩ 상태(2 양자비트 모두 |0⟩)에서 시작하고, 한쪽에 H 게이트를 걸어 균등한 중첩 상태를 만든다. 이후 CNOT 게이트의 제어비트 쪽에 이 중첩 상태를 입력하고 다른 표적비트 쪽에 |0⟩상태를 입력한다. CNOT 게이트의 출력은 |00⟩ 상태(제어비트 |0⟩일 때 표적비트 |0⟩)와 |11⟩ 상태(제어비트 |1⟩일 때 표적비트에 NOT 게이트가 걸려서 |1⟩)의 균등한 중첩 상태가 된다. 이 상태는 $1/\sqrt{2}$|00⟩+$1/\sqrt{2}$|11⟩로 나타내는 2 양자비트 상태로, 한쪽이 |0⟩이면 다른 한쪽은 반드시 |0⟩이고, 한쪽이 |1⟩이면 다른 한쪽은 반드시 |1⟩이라는 특수한 성질(양자 상관)을 가진 2개의 양자비트 상태가 된다. 비록 아무리 멀리 떨어져 있어도 어느 한쪽의 측정 결과가 |0⟩이냐 |1⟩이냐에 따라 다른 한쪽의 양자비트 상태가 확정되므로, 마치 얽혀있는 상태와 같아 양자얽힘 상태라고 한다[그림 5.2]. 게다가 양자얽힘 상태인 2개의 양자비트는 같은 축에서 측정하면, 반드시 상관이 있는 특수한 상관관계를 가지고 있다. 양자 텔레포테이션에서는 이 양자상관의 성질을 사용한다. A씨와 B씨는 양자얽힘 상태에 있는 양자비트를 만들어 서로 한쪽씩 나눠 갖고 멀리 떨어져 있다고 가정해 보자.

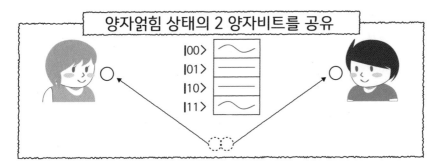

[그림 5.2] 양자얽힘 상태의 공유

양자 텔레포테이션

　멀리 떨어진 두 사람은 양자얽힘 상태인 양자비트쌍 조각을 하나씩 갖고 있고, A씨는 자신이 가진 미지의 양자비트 |Ψ⟩를 B씨에게 보내려고 하는 상황이다. 우선 A씨는 양자얽힘 상태인 한쪽 양자비트와 보내고자 하는 양자 상태 |Ψ⟩를 입력으로 하여 CNOT 게이트 연산을 한다. 이때 제어비트 쪽에 |Ψ⟩, 표적비트 쪽에 양자얽힘 상태인 한쪽을 입력한다. 그리고 제어비트 쪽 출력에 H 게이트를 걸어 양쪽 양자비트를 A씨가 측정한다. 측정 결과는 |00⟩, |01⟩, |10⟩, |11⟩ 중 하나로 등확률(25%씩)이 된다는 것을 양자 게이트 계산으로 알 수 있다(여기서는 양자 게이트 연산). 그리고 어떤 상태가 됐는지 B씨에게 고전통신으로 전달한다. 예를 들어, A씨가 |00⟩을 측정했다면, "|00⟩이 측정됐어"라고 A씨가 B씨에게 전화 등으로 전달하는 것이다. 그 후, B씨는 A씨가 가르쳐 준 측정 결과에 따라 자신이 가진 양자얽힘 상태인 나머지 양자비트에 양자 게이트 연산을 한다. A씨가 |00⟩이라고 알려주면 아무것도 하지 않고, |01⟩이라고 알려주면 X 게이트를, |10⟩이라고 알려주면 Z 게이트를, |11⟩이라고 알려주면 X 게이트를 걸고, 그 후에 Z 게이트를 건다. 그러면 B씨가 가진 양자얽힘 상태인 한쪽 양자비트가 이 양자 연산에 의해 |Ψ⟩ 상태로 변화한다. A씨가 측정한 결과가 4개 중 어느 상태가 되든, |Ψ⟩가 어떤 상태이든 양자 텔레포테이션은 성공하므로 A씨는 B씨에게 완벽하게 |Ψ⟩ 상태를 보낼 수 있게 된다[그림 5.3].

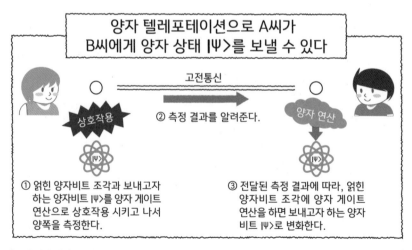

[그림 5.3] 양자 텔레포테이션

5.1.4 양자 회로에 의한 표현

이러한 양자 텔레포테이션이라는 연산을 양자 회로로 나타낼 수 있다[그림 5.4]. 처음에 A씨와 B씨가 동시에 |0〉 상태를 갖는 데서부터 시작해, 양자얽힘 상태를 H와 CNOT 게이트로 생성하면 준비는 끝이다. 그 후에 두 사람이 멀리 떨어진 다음 A씨 쪽에서 보내고자 하는 양자 상태 |Ψ〉와 양자얽힘 상태의 한쪽을 CNOT과 H 게이트를 사용해 측정한다(여기서 CNOT은 상호작용을 나타내며, 위쪽 측정은 H 게이트와 계산 기저에서의 측정을 이용하는 X 축에서의 측정을, 아래쪽 측정은 Z 축에서의 측정을 나타낸다). 그리고 측정 결과를 B씨에게 고전통신 방식으로 전달하고, B씨는 A씨가 알려준 측정 결과를 바탕으로 X와 Z 게이트를 양자얽힘 상태의 다른 한쪽에 사용한다. 양자 회로도에서는 고전통신을 이중선으로 나타냈고, 가장 위쪽의 양자비트 측정 결과가 1이라면 Z 게이트를, 두 번째 양자비트가 1이라면 X 게이트를 사용하는 것을 나타낸다. 이로써 B씨 쪽에는 양자 상태 |Ψ〉가 생성되고 양자 텔레포테이션이 완료된다.

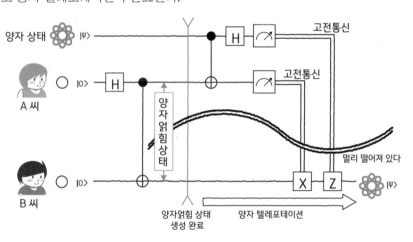

[그림 5.4] 양자 텔레포테이션의 양자 회로

5.1.5 양자 텔레포테이션의 특징

양자 텔레포테이션에서는 양자역학의 특징을 현저히 나타내는 두 가지 현상이 일어난다. 첫 번째는 '언뜻 빛의 속도보다 빠르게 통신하는 것처럼 보이는 것(초광속 통신)'이고, 두 번째는 '양자 상태를 복제할 수 없음을 보여주는 예가 되는 것(양자복제 불가능 정리)'이다.

첫 번째는 상대성이론(상대론)이라는 양자역학(양자론)에 필적하는 물리의 기본 이론에 의해 '빛보다 빠르게 통신할 수 없다'는 사실이 알려졌다. 그러나 양자얽힘 상태의 양자비트쌍을 이용하면 한쪽 양자비트 측정 결과에 따라 다른 쪽 양자비트 상태가 (아무리 멀리 떨어져 있어도) 순식간에 확정되므로 측정 결과 정보가 빛의 속도보다 빠르게 전달되는 것처럼 보인다. 그렇지만, 양자 텔레포테이션에서는 고전통신(물론 빛의 속도를 넘을 수 없다)을 하고 나서야 B씨가 |Ψ⟩를 얻을 수 있기 때문에, **의미가 있는 정보**는 빛의 속도를 뛰어 넘어서 전송되지 않는다. 즉, 고전통신으로 측정 결과 정보를 보내는 부분이 특징이다.

두 번째는 양자역학에서 "양자 상태는 복제할 수 없다."라는 정리가 있다. 양자 텔레포테이션에서는 |Ψ⟩라는 양자 상태를 A씨로부터 B씨에게 보내지만, A씨의 측정 결과를 B씨에게 보내고 나서야 비로소 B씨는 |Ψ⟩를 손에 넣게 되므로, |Ψ⟩가 동시에 두 개 존재하는 시간은 한순간도 없다. A씨가 측정에 의해 |Ψ⟩를 파괴한 후, B씨 쪽에 |Ψ⟩가 재현되는 것이다. 이처럼 양자 상태를 복제할 수 없으므로, 양자컴퓨터에서는 복사 및 붙여넣기 같은 연산이 금지되며, 우리가 사용하는 고전컴퓨터와는 상당히 다른 컴퓨터가 될 것이라고 예상할 수 있다[그림 5.5].

양자얽힘을 이용한
양자 텔레포테이션으로도
'초광속' 통신은 불가능

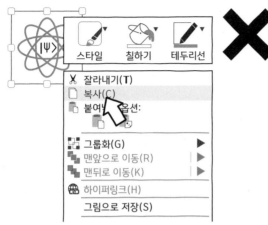

양자 상태는 복사(카피)도 할 수 없다

[그림 5.5] 양자 텔레포테이션의 특징

양자 회로 입문

5.2 ‖ 고속 계산의 원리

4.3.2에서는 덧셈의 양자 회로를 구축했지만, 중첩 상태를 입력해도 의미 있는 계산을 할 수 없어 양자 계산에 의한 고속 계산이 구현되지 않았다. 양자 계산으로 고전계산보다 빠른 계산을 구현하기 위해서는 좀 더 양자 회로를 연구해야 한다. 어떤 연구를 해야 고속 계산을 구현할 수 있는지 알아보자. 그 연구에서 중요한 역할을 하는 것이 파동의 간섭이라는 성질이다.

5.2.1 파동의 간섭

양자비트는 계산 중 0과 1의 상태가 파동으로서 어떤 확률진폭과 위상으로 가지며, 양자 계산 연산에서는 이 파동에 간섭할 수 있다. 파동의 간섭이 어떤 것인지 알아보자.

예를 들어, 두 개의 파동이 부딪히는 것을 가정해 보면, 산끼리 골짜기끼리 부딪힐 때 더 큰 파동이 되며(진폭이 증가), 이것을 보강간섭이라고 한다. 또 반대로 산과 골짜기, 골짜기와 산이 부딪치면 서로 상쇄하여 평탄하게 되며(진폭이 저하), 이를 상쇄간섭이라고 한다. 이처럼 두 파동의 충돌에 따른 진폭의 변화를 파동의 **간섭** 효과라고 한다[그림 5.6]. 그리고 이 간섭 효과에 의해 진폭이 증가할지 저하할지는 부딪히는 두 파동의 위상차로 결정된다.

양자컴퓨터(특히 양자 회로 모델)에서는 양자비트의 파동을 간섭시키는 것이 고속 계산에서 중요한 역할을 한다. 많은 양자비트를 준비해두면 양자비트 상태의 조합 각각에 파동이 할당된다. 양자 회로에 의해 이들의 파동을 간섭시킴으로써 양자 계산이 이루어진다. 이때 '위상'에 따라 간섭 방법이 바뀌기 때문에 양자 계산에서 '위상'은 매우 중요한 역할을 한다. 이제부터 실제 계산 원리와 고속 계산을 하는 이유에 관해 알아보자.

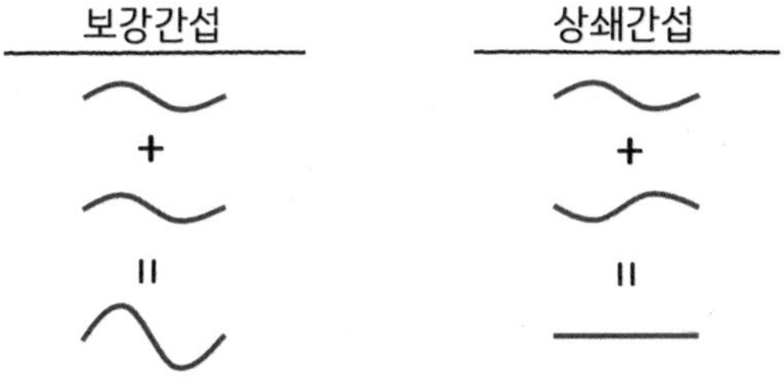

보강간섭   상쇄간섭

[그림 5.6] 파동의 간섭 효과

5.2.2 동시에 모든 상태를 가진다 : 중첩 상태

양자비트는 0과 1의 상태가 각각 확률진폭과 위상이라는 형태를 갖는다. 양자 회로 모델의 양자컴퓨터에서는 양자비트를 많이 준비해서, 모든 양자비트를 |0⟩의 상태(0의 확률진폭이 1.0(100%)이고, 1의 확률진폭이 0.0(0%)인 상태)로 설정하고 초기화한다. 그리고 사전에 양자 알고리즘에 의해서 정해진 양자 회로를 따라서 각 양자비트에 양자 게이트를 연산을 해 나간다.

각각의 양자비트가 양자 게이트를 통과할 때마다 상태가 변화해 '확률진폭'과 '위상'이 변해간다. 예를 들어, 방금 나온 H 게이트를 통과하면 0 상태는 0과 1의 확률이 반씩(50%/50%)인 균등한 중첩 상태가 된다. 그러므로 n개의 양자비트가 모두 H 게이트를 통과한 후에는 0과 1이 균등한 중첩 양자비트가 n개 만들어지는 것이다(n=3인 경우를 [그림 5.7]에 나타냈다). 하나하나의 양자비트는 0과 1이 50%의 확률로 **측정**되는 상태가 되므로, n비트의 모든 상태를 측정한다고 가정할 때, 예를 들어 1 비트에서 n비트까지 모두 0이 나올 가능성이 있다. 즉, '000000⋯0'과 '0'이 n개인 상태를 계산 결과로 얻을 가능성이 있다. 그리고 1 비트에서 n비트까지 모두 1이 나올 가능성도 물론 있다. 즉, '111111⋯1'과 '1'이 n개인 상태를 계산 결과로 얻을 가능성이 있다. 그 밖에도 '010101⋯1' 등 n비트의 2진수가 취할 수 있는 모든 상태(2의 n제곱 가지의 상태)가 측정될 가능성이 등확률로 존재한다. 즉, 측정하지 않으면 2진수가 취할 수 있는 모든(2의 n제곱 가지의 상태) 중첩 상태가 구현된다. 다만, 각각의 상태가 얻어질 확률은 2의 n제곱분의 1로 아주 작은 확률이다.

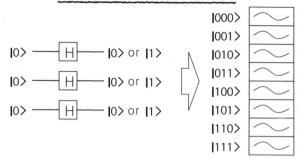

[그림 5.7] 3 양자비트의 균등한 중첩 상태

5.2.3 확률진폭의 증폭과 결과 측정

이처럼 양자컴퓨터는 동시에 여러 상태를 구현할 수 있으므로, 이를 잘 이용하면 대규모 병렬 계산이 가능해진다는 것이 양자컴퓨터 고속 계산의 원리이다. 위와 같이 모든 양자비트를 H 게이트를 통과시켜서 n 양자비트의 균등한 중첩 상태를 만들면, '000000…0'에서 '111111…1'까지의 모든 상태가 구현된다. 확률진폭은 그 상태가 실제로 측정되는 확률을 나타내는 것이었으므로, 각각의 상태가 가지는 확률진폭은 매우 작아진다(2의 n제곱분의 1의 제곱근). 또한, 각각의 상태의 위상은 H 게이트를 통과한 후에는 모두 동위상이 된다. 그래서 위상을 변화시키는 양자 게이트, 예를 들어 Z 게이트에 몇 가지 양자비트를 통과시키면, Z 게이트의 작용에 의해 여러 가지 상태의 위상이 180° 변화한다(n=1의 경우를 [그림 5.8]에 나타냈다). 그 후 다시 H 게이트를 통과시키면 이번에는 확률진폭의 간섭 효과가 발생해, 어떤 상태의 확률진폭이 증가하고 다른 상태의 확률진폭이 저하되는 일 등이 일어난다. 여기서는 H 게이트가 각 상태의 파동을 간섭시키는 역할을 한다. 이처럼 양자비트를 다양한 양자 게이트에 통과시켜 나감으로써 상태에 확률진폭의 간섭을 정교하게 일으켜간다. 여기서 계산 결과의 정답에 해당하는 상태의 확률진폭만 잘 증가시키고, 다른 틀린 답에 해당하는 상태의 확률진폭을 없앰으로써 확률진폭을 저하시키도록 양자 회로(양자 게이트 순서와 조합)를 설계하는 것이 양자 알고리즘이다.

1 양자비트 회로의 양자 간섭의 예

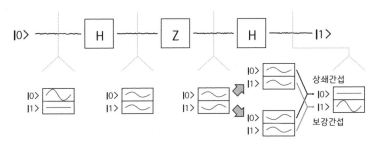

[그림 5.8] 1 양자비트 회로의 양자 간섭의 예

[그림 5.9]의 예에서는 3 양자비트 중 한가운데 양자비트에 Z 게이트를 걸어, 측정 결과에서 |010⟩ 상태만 높은 확률로 측정되는 회로가 되고, 나머지 상태는 후반부 H 게이트에 의해 상쇄간섭 효과가 일어났다. 이 회로의 경우, 계산이라고 할 정도는 아니고 |000⟩ 상태를 |010⟩ 상태로 전이시킬 뿐이지만, 양자 회로의 간섭 효과를 이해할 수 있는 단순한 회로의 예라고 할 수 있다.

양자 알고리즘을 잘 설계해서 더욱 복잡한 양자 회로를 구축하면 고전컴퓨터보다 압도적으로 빠르게 계산 결과를 얻을 수 있다. 이것이 양자컴퓨터 고속 계산의 원리이다.

3 양자비트의 간단한 양자 회로의 예

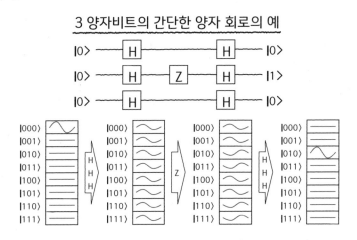

[그림 5.9] 3 양자비트의 간단한 양자 회로의 예

양자컴퓨터에 의한 고속 계산의 예 : 숨은 주기성의 발견

좀 더 복잡한 양자 회로를 예로 들어 양자 계산의 유용성을 알아보자. 양자 계산의 대표적인 예로서 **양자 푸리에 변환(Quantum Fourier Transform : QFT)**이 있다. 양자 푸리에 변환은 어떤 상태를 입력하면 입력에 따른 주기성을 갖는 양자 상태를 출력하는 양자 회로라고 생각할 수 있다. [그림 5.10]은 3 양자비트의 QFT 회로를 보여준다. QFT 회로의 내용은 양자 게이트의 조합으로 구성되어 있는데, 복잡하므로 여기에서는 내용 구성까지는 다루지 않고 그 기능만 살펴보고자 한다.

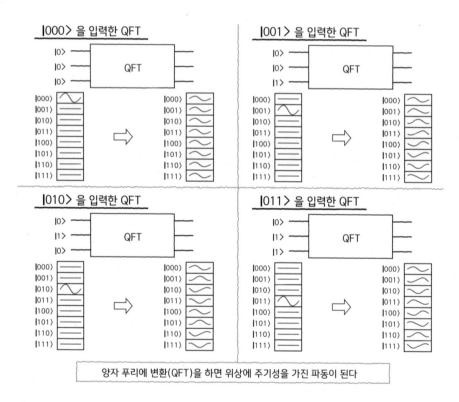

[그림 5.10] 양자 푸리에 변환(QTF)을 하면 위상에 주기성을 가진 파동이 된다

3 양자비트의 입력에서 |000⟩ 상태를 입력하면[그림 5.10 왼쪽 상단], QFT 회로의 출력은 |000⟩ ~ |111⟩의 모든 상태가 균등한 중첩 상태가 된다. 이것은 H 게이트 3개를 통과한 것과 같은 효과이다. 또한 |001⟩ 상태를 입력하면[그림 5.10 오른쪽 상단], |000⟩의 경우와 마찬가지로 |000⟩ ~ |111⟩의 모든 상태의 균등한 중첩 상태가 되지만, 각 파동의 위상이 조금씩 시프트하는 것을 알 수 있다. 이 위상 시프트는 정확히 |000⟩ ~ |111⟩로 1주기 시프트하고 있다. 이어서 |010⟩ 상태를 입력하면[그림 5.10 왼쪽 하단], 역시 위상이 시프트한 균등한 중첩 상태가 된다. 이 경우는 위상 시프트량이 |000⟩ ~ |011⟩까지 1주기이고, |100⟩ ~ |111⟩까지 1주기 더 시프트하여 전체로는 2주기 시프트한다. 다시 |011⟩을 입력하면[그림 5.10 오른쪽 하단], 3주기의 위상 시프트를 하는 균등한 중첩 상태가 된다. 이처럼 QFT 회로는 입력 양자비트의 상태에 따라 위상에 주기성을 가진 양자비트의 상태를 출력하는 기능이 있다.

QFT 회로의 이 기능을 역이용하여 숨은 주기를 발견할 수 있다. QFT 회로의 역변환 회로를 **양자 푸리에 역변환(Inverse QFT : IQFT)** 회로라고 한다. IQFT 회로의 기능은 [그림 5.11]처럼 QFT와는 입력과 출력이 반대되는 일을 한다. 따라서 만약 위상에 주기성을 가진 양자 상태를 입력하면 그 주기에 해당하는 상태의 확률 진폭만 IQFT 회로에 의한 간섭 효과로 증폭되어 출력된다. 측정 결과를 보면 입력 상태의 위상에 어떤 주기가 숨어 있었는지 검출할 수 있는 **주기성 발견 회로**로 작동한다고 할 수 있다.

양자 회로 입문

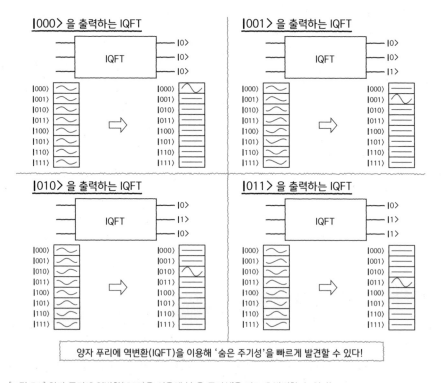

[그림 5.11] 양자 푸리에 역변환(IQFT)을 이용해 '숨은 주기성'을 빠르게 발견할 수 있다!

이 IQFT 회로는 고전계산보다 고속 양자 계산 알고리즘의 일부로 많이 사용되고 있으며, 파동의 간섭에 의해 숨은 주기를 찾아내는 부분은 양자 계산의 고속성에 본질적인 역할을 한다. 소인수분해를 고속으로 푸는 **쇼어 알고리즘**의 일부로도 이용된다.

5.2.5 양자얽힘 상태

여기서 다시 한 번 양자얽힘(quantum entanglement) 상태에 관해 알아보자. 양자 계산에서는 이 양자얽힘 상태가 중요한 역할을 한다고 한다. 양자 텔레포테이션에서도 나왔던 양자얽힘 상태란, 측정에 의해 한쪽 양자비트가 확정되면 다른쪽 양자비트의 상태도 순식간에 확정되는 양자적인 상관관계를 가진 상태를 말한다. 양자 텔레포테이션에서 이용한 양자얽힘 상태는 2 양자비트의 양자얽힘 상태

로, H 게이트와 CNOT 게이트를 이용해서 생성된 것이었다. 복잡한 양자 회로는 2 양자비트뿐만 아니라 좀 더 큰 규모의 양자얽힘 상태로 나타난다. 이는 각각의 양자비트 상태를 하나의 블로흐 구로 나타낼 수 없어, '이 양자비트가 |0⟩이면, 이 양자비트는 이 상태, |1⟩인 경우는…'처럼 분류하지 않으면 기술할 수 없다고도 할 수 있다. 뒤에서 다룰 쇼어나 그로버라는 양자 알고리즘을 구현하는 양자 회로는 모두 앞에서 다룬 양자 게이트를 조합해 구축할 수 있지만, 매우 복잡해져 대규모 양자얽힘 상태가 나타난다. 따라서 계산 도중의 양자비트의 각 상태를 독립적으로 생각할 수는 없으며, 측정 후의 모든 조합에 관해 개별적으로 생각해야 한다. 이것이 복수 양자비트의 경우 블로흐 구로는 잘 표현할 수 없는 이유이기도 하다(그래서 측정 후의 모든 상태를 세로로 늘어놓은 '파동의 표현'을 사용했다).

이처럼 양자 회로의 양자 계산에서는 양자얽힘 상태는 매우 자연스럽게 나타나며, 이를 계산 자원으로 해서 양자 계산이 이루어진다고도 할 수 있다[그림 5.12].

양자얽힘 상태가 아닌 양자비트

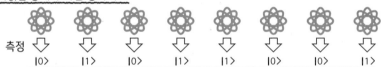

측정

|0⟩ |1⟩ |0⟩ |1⟩ |1⟩ |0⟩ |0⟩ |1⟩

각 양자비트의 상태를 분리해서 생각할 수 있다(양자비트는 독립)
⇒어떤 양자비트의 측정 결과는 다른 양자비트의 상태에 영향을 주지 않는다.

양자얽힘 상태의 양자비트

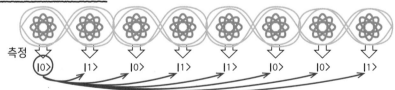

측정

|0⟩ |1⟩ |0⟩ |1⟩ |1⟩ |0⟩ |0⟩ |1⟩

[그림 5. 각 양자비트의 상태를 분리해서 생각할 수 없다(양자적인 상관관계를 가진다)
⇒어떤 양자비트의 상태는 다른 양자비트의 상태에 영향을 준다.

양자컴퓨터에 의한 고속 계산의 원리는 아래와 같이 정리할 수 있다.

- 양자 계산의 기초인 양자역학에서는 **파동**과 **입자**의 성질을 함께 가진다.
- 양자 계산의 기본 단위인 양자비트는 측정 전에는 **파동**의 성질을 가지며, $|0\rangle$과 $|1\rangle$의 중첩 상태에 있다.
- 양자비트를 측정하면 **입자**의 성질을 발휘해 $|0\rangle$이나 $|1\rangle$로 확정된다.
- 측정될 확률은 각각의 상태가 가진 파동의 복소진폭의 절댓값의 제곱(확률진폭의 제곱)에 의해 정해진다.
- 양자비트를 다수의 양자 게이트로 구성된 양자 회로로 연산하고, 파동의 간섭 효과를 이용해 원하는 상태의 확률진폭만을 증폭시킴으로써 양자 계산을 한다.
- 예를 들어, IQFT 회로에서는 입력 상태의 숨은 주기를 고속으로 발견할 수 있다.

결국, 무엇이 양자 계산을 고전계산보다 고속으로 만든 것일까? 양자컴퓨터에서는 파동의 간섭에 의해서 동시에 여러 상태의 확률진폭을 변화시키고, 원하는 양자 상태의 확률진폭만 증폭하는 연산이 열쇠가 된다[그림 5.13]. 고전계산으로는 확률진폭의 상쇄나 증폭과 같은 간섭 효과를 구현할 수 없다.

'확률진폭의 간섭'이 양자컴퓨터의 고속 계산을 구현한다

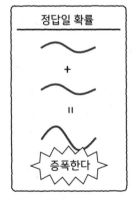
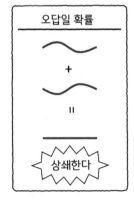

[그림 5.13] 고속 계산의 원리

양자역학에서의 측정의 불가사의

• 파속의 수축

측정(또는 관측이라고도 한다)하면 양자비트의 상태가 변화하여 0과 1의 중첩 상태에서 0이나 1로 확정된 상태가 되는 것을 양자역학에서는 '파속의 수축'이라고 한다.

측정 전의 양자 상태는 파동(파속)과 같고, 측정 후엔 입자처럼 수축된다는 의미이다. 이 현상은 분명히 우리의 상식을 넘어서는 현상으로 양자역학의 불가사의함을 보여주는 대표적 사례로 자주 꼽힌다. 특히 슈뢰딩거의 고양이가 유명하다. 그러나 이 파속의 수축이라는 현상은 하나의 해석이며, 이 해석을 코펜하겐 해석(Copenhagen interpretation)이라고 한다. 그 밖에도 에버렛의 다세계 해석(Many-world interpretation) 등이 있으며, 양자컴퓨터의 창시자 중 한 명인 데이비드 도이치도 다세계 해석의 지지자로 알려져있다.

• 계산 도중의 측정

양자비트의 상태 측정이 양자컴퓨터에서 특수한 의미를 가진다는 것은 앞서 설명한 바와 같다. 고전컴퓨터의 경우, 계산의 마지막이든 계산 도중이든 몇 번이고 비트의 값(메모리에 저장된 정보)을 읽어내도 아무 문제 없이 계산할 수 있다. 반면에, 양자컴퓨터에서는 계산 도중에 양자비트의 값을 읽어내면 측정 행위에 의해 양자비트의 상태 자체가 변화하게 됩니다. 양자 회로 모델에서도 양자 어닐링에서도, 계산 도중(양자 게이트 연산이나 어닐링 연산 도중에), 양자비트의 상태를 불필요하게 읽어서는 안 된다. 계산 도중에 불필요하게 양자비트를 측정하는 것은 계산 도중에 노이즈가 들어가는 것과 같아서(이 노이즈가 들어가는 현상을 디코히어런스(Decoherence)라고 한다) 결과적으로 계산 결과가 틀리게 된다. 따라서, '측정'은 계산 결과를 얻기 위해서 계산 마지막에 실시한다. 또는, 일부러 측정에 의한 상태 변화를 이용해 양자 계산을 하는 경우도 있다(측정형 양자 계산 등).

제6장

양자 알고리즘 입문

이 장에서는 양자컴퓨터를 둘러싼 시스템과 양자 알고리즘의
역할에 대해 다룬다. 그리고 고전 계산보다 고속 계산이 가능
하다고 알려진 대표적인 양자 알고리즘에 대해 알아보자.

6.1 ∥ 양자 알고리즘의 현재

양자컴퓨터의 알고리즘은 쇼어와 그로버의 알고리즘(뒤에서 설명할)이 유명하다. 이런 알고리즘은 이론적으로 고전컴퓨터보다 더 빠르다고 알려져 있다. 단, 이 알고리즘들은 만능 양자컴퓨터를 전제로 한 알고리즘이므로, 즉 에러 내성이 필수이기 때문에 구현하기에는 큰 장벽이 있다.

현재 수십~수백 양자비트의 노이즈가 있는 비만능 양자컴퓨터(NISQ)가 개발되고 있는 상황이므로, 쇼어나 그로버의 알고리즘을 구현하는 것이 아니라 NISQ에서도 실용성을 찾아낼 가능성이 있는 양자고전 하이브리드 알고리즘 연구가 진행 중이다.

우선 그로버 알고리즘과 쇼어 알고리즘에 대해 알아보고, 그 후에 양자고전 하이브리드 알고리즘에 대해 알아보자.

[그림 6.1] 양자 알고리즘의 현재

6.2 ∥ 그로버 알고리즘

그로버 알고리즘은 고전컴퓨터에 대한 고속화가 알려진 탐색 문제를 풀기 위한 알고리즘이다. 이 알고리즘에서 이용하는 진폭 증폭의 기법은 양자성을 이용한 알고리즘의 중요한 사례가 되고 있다.

6.2.1 개요

그로버 알고리즘은 예를 들어 탐색 문제를 푸는 알고리즘으로 사용할 수 있다. 여기에서는 특정 조건을 만족하는 답을 찾아내는 문제를 탐색 문제라고 한다. 여기서는 폐쇄로를 탐색하는 해밀턴폐쇄로문제를 예로 들어보자.

해밀턴폐쇄로문제는 여러 도시를 한 번씩 돌고 출발지로 돌아가는 순회로(폐쇄로)가 존재하는지 알아보는 문제이다.

[그림 6.2]의 왼쪽 지도를 보고 폐쇄로가 존재하는지 구하는 문제를 생각해보자. 이 문제를 풀려면 일반적으로 생각했을 때 시작 지점부터 도시를 하나씩 찾아가 모든 도시를 한 번씩 돌고 되돌아올 수 있는지 시행착오를 거치면서 찾게 된다. 이 경우 생각할 수 있는 경로를 이 잡듯이 조사해 가는 방법밖에 없다. 경로는 도시수가 늘어나면 지수적으로 증가할 것이라고 예상된다. 이 때문에 일일이 모든 경로를 조사하는 방법은 컴퓨터를 이용하더라도 복잡하다. (해밀턴폐쇄로문제는 NP 완전문제로 알려져 있다.) 하지만 일단 폐쇄로를 발견하면 이 지도에 폐쇄로가 있다는 것을 금방 알 수 있다. 즉, 이 탐색 문제는 '풀기는 어렵지만 확인하는 것은 간단한' 문제로 되어 있다.

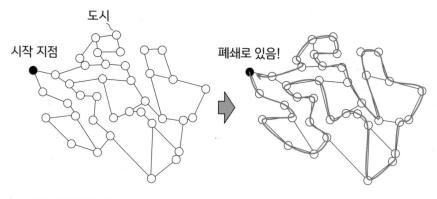

[그림 6.2] 해밀턴폐쇄로문제

　이런 문제는 양자컴퓨터를 이용하면 효율적으로 풀 수 있는 경우가 있다. 그로버 알고리즘에서는 모든 경로를 다수의 양자비트 상태로 나타내고, 어떤 경로가 조건을 만족시키는 (모든 도시를 지나는) 폐쇄로인지 판정하는 회로를 양자 게이트로 구축한다. N가지의 경로가 있는 경우에는 $\sqrt{N}$회 정도 계산하면 되는 것으로 나타난다. 보통 샅샅이 살펴보려면, N회 정도는 보고 가야 한다. 즉, N회 정도의 계산이 필요하므로 $\sqrt{N}$회는 매우 빠르다.

6.2.2　양자 회로

　우선, 그로버 알고리즘의 양자 회로도의 개요를 [그림 6.3]에 나타냈다. 이 양자 회로는 입력 양자비트에 처음에 H 게이트를 걸고, 그 후에는 그로버 연산자(이하 G 회로)를 반복하도록 구성되어 있다. G 회로의 내용은 지금까지 다룬 양자 게이트의 조합으로 구성되어 있지만, 자세한 것은 다루지 않고 그 기능만 다루고자 한다.

　이 양자 회로에서는 우선 H 게이트로 모든 상태의 균등한 중첩 상태를 생성한다. 그리고 탐색하고 싶은 전체 경로를 이 중첩 상태의 각 상태에 할당한다. 즉, $|000\cdots0\rangle \sim |111\cdots1\rangle$의 상태 하나하나가 각각 다른 경로에 대응하고, 이 중 조건을 만족하는(모든 도시를 지나는) 폐쇄로가 어느 것인지 탐색하고 싶다는 문제 설정으로 한다. 예를 들어, $|010010\rangle$ 상태에 대응하는 경로가 조건을 만족하는 폐쇄로

였다고 가정해보자. 물론 계산하기 전까지 조건을 만족하는 폐쇄로가 |010010⟩임을 우리는 모른다. 우리가 가진 것은 어떤 상태를 입력하면 그것이 조건을 만족하는 상태인지 아닌지를 판단해주는 양자 회로(오라클, 여기서는 판정회로라고 칭함)이다.

즉, 우리는 어떤 (경로에 대응하는) 양자 상태가 조건을 만족하는 상태(해)인지 판정은 할 수 있지만, 그것이 어떤 상태인지(어떤 경로인지)는 모르는 상황이다. 이것이 그로버 알고리즘의 문제 설정이다.

이 판정회로에 모든 상태를 하나씩 입력하면 언젠가는 해가 어느 것인지 찾아낼 수 있지만, 탐색 대상의 상태 수(해 후보수)가 N 상태인 경우 대략 N회 정도는 입력해야 하므로 N이 크면 시간이 오래 걸린다. 한편 판정회로가 양자 회로이므로 중첩 상태를 입력할 수도 있고, 모든 상태(모든 해 후보)를 동시에 입력할 수도 있다. 이때 양자 회로를 잘 구성하면 찾고자 하는 상태의 확률진폭만 증폭할 수 있으며, N회보다 빠른 $\sqrt{N}$회 정도의 입력으로 탐색이 가능해진다.

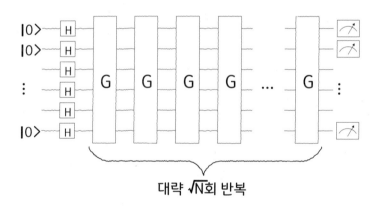

[그림 6.3] 그로버 알고리즘의 양자 회로도

그로버 연산자(G 회로)의 기능에 대해 알아보자. 첫 번째 G 회로에는 균등한 중첩 상태가 입력된다. G 회로 내부는 2단으로 구성되어 있다. 1단에는 판정회로가 있고 찾고자 하는 상태의 위상을 반전한다. [그림 6.4]에는 확률진폭이 그려져 있는데, 균등한 중첩 상태 중에서 찾고자 하는 상태의 확률진폭에 마이너스가 붙어 있다(위상의 반전과 마이너스가 붙은 것은 같은 의미). 이 판정회로는 찾고자 하는 상태에 마크를 붙이는 작용을 한다. 2단에는 증폭회로가 있어 조금 전에 마크를 붙인 상태의 확률진폭만 증폭한다. 증폭하는 방법은 입력 상태의 확률진폭의 평균값 기준으로 반전하는 연산을 한다. 이로써 위상이 반전된(마이너스가 붙은) 확률진폭만큼 평균값과의 거리가 멀 것이므로 평균을 기준으로 반전함으로써 확률진폭의 증폭이 일어나는 것이다.

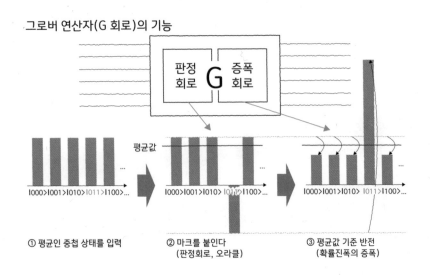

그로버 연산자(G 회로)의 기능

[그림 6.4] 그로버 연산자(G 회로)의 기능

이러한 G 회로를 한 번 통과하면 찾고자 하는 상태의 확률진폭이 증폭되어 측정될 확률이 높아진다. 하지만 한 번으로는 다른 상태의 확률진폭도 그다지 낮지 않기 때문에 측정해서 올바른 해가 나올지는 보장할 수 없다. 그래서 이 G 회로를 여러 번 통과시킴으로써 해의 확률진폭을 더욱 높인다. [그림 6.5]에서는 3 양자비트로 8 상태 중에서 $|011\rangle$ 상태의 해를 얻는 경우의 G 회로의 모습을 파동 표현과 확률진폭으로 나타냈다.

해 후보가 N개 있을 때 대략 $\sqrt{N}$회 정도 G 회로를 통과시키면 충분히 올바른 해를 얻을 수 있으므로, 이 알고리즘의 계산량 복잡도는 $\sqrt{N}$이다. 그로버 알고리즘의 (기호 O(∗)를 이용해 나타내는) 계산량의 복잡도는 $O(\sqrt{N})$이며, 전체탐색을 하는 고전 알고리즘 O(N)에 대해 $\sqrt{N}$배 빠르다. 또한, 고전 알고리즘에 대한 우위의 고속성을 증명할 수 있다. 다만, 계산량으로서 그로버 연산자(라는 서브루틴)의 호출 횟수를 이용해 평가하므로 실제 계산 시간이 우위인지는 알 수 없다.

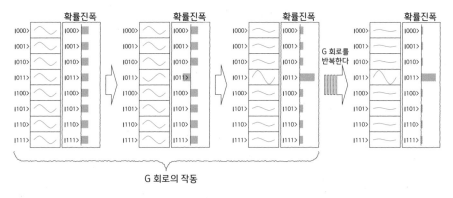

[그림 6.5] G 회로의 파동 표현과 확률진폭

6.3 ‖ 쇼어 알고리즘

쇼어 알고리즘은 1994년에 피터 쇼어(Peter Shor)에 의해 실용성 있는 최초의 양자 알고리즘으로서 발표되었다. 그 이전에는 양자컴퓨터가 실용적인 문제에 있어서 고전 컴퓨터보다도 빠른 사례는 발견되지 않았고(그로버 알고리즘은 로브 그로버(Lov Grover)에 의해서 1996년에 발견됨)양자컴퓨터에 대한 주목도도 낮았다. 그러나 쇼어 알고리즘이 발표되자 소인수분해 고속화라는 현대 암호시스템의 기반을 흔드는 알고리즘이었던 만큼 큰 주목을 받아 양자컴퓨터 연구가 주목받게 되었다.

6.3.1 개요

소인수분해란 어떤 양의 정수를 소수의 곱셈 형태로 분해하는 것이다. 예를 들면, 양의 정수 30은 5×3×2라는 식으로 분해한다. 이처럼 모든 양의 정수는 단 한 가지의 소수 조합으로 분해할 수 있다.

그럼 이 소인수분해는 어떤 도움이 될까? 사실은 '매우 큰 수의 소인수분해'는 현재의 컴퓨터로도 풀기가 어렵다는 특징이 있다. 예를 들어, '6265590688501'을 소인수분해 해보자. 연필이나 계산기로 계산하기 힘들 정도로 큰 수이므로 컴퓨터를 이용한다. 답은 '12978337×482773'이다. 여기서 2개의 정수 '12978337'과 '482773'도 모두 소수이다. 이 문제를 컴퓨터로 풀 때 2부터 차례로 소수로 나누어가는 것이 가장 간단한 방법이다. 나누어떨어지면 그 수가 구하고 싶은 소인수 중 하나임을 알 수 있기 때문이다. 그러나 그러기 위해서는 482773은 40,227번째 소수이므로 40,227회 나눗셈을 해야만 한다. 이 정도 계산량은 현재의 컴퓨터로도 할 수 있지만, 더 큰 수의 소인수분해가 되면 점점 계산량이 증가해 몇 년, 몇십 년씩 계속 계산해도 소인수분해되지 않는 문제를 쉽게 만들 수 있다.

한편 소인수분해의 또 하나의 특징은 한번 답이 나오면 그 답이 맞는지는 쉽게 검산(확인)할 수 있다는 것이다. 12978337×482773=6265590688501은 컴퓨터를 이용하면 단 한 번의 곱셈으로 계산할 수 있으므로 간단하다. 검산은 소인수분해를 할 때와 비교하면 매우 간단한 문제이다. 이처럼 소인수분해는 탐색 문제와 마찬가지로 '풀기는 어렵지만 확인하기는 쉽다'는 특징이 있다.

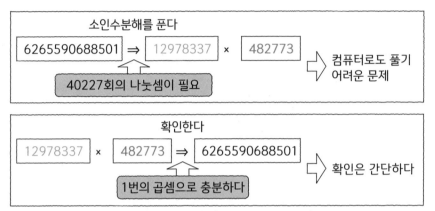

[그림 6.6] 소인수분해

이러한 특징을 가진 문제는 '일방향성 함수'라고 부르며, '암호'(특히 공개키 암호)에 사용한다. 키를 모르는 사람이 암호를 해독하기는 어렵지만, 키를 알면 해독(복호화)은 쉽다는 게 암호의 기본이다. 이 성질을 수학적으로 만족하는 것이 일방향성 함수이다. 실제로 RSA 암호에서는 소인수분해를 기반으로 하는 방향성 함수를 사용하여 인터넷 보안에 활용한다.

그런데 실생활에서 사용되는 이 소인수분해가 양자컴퓨터를 사용하면 빠르게 풀려 버릴 가능성이 있다. 만약 정말로 그런 일이 일어난다면 지금까지 사용되던 암호 방식은 무너질 가능성이 있으므로 사회에 미치는 영향이 클 것이다. 실제로 양자컴퓨터로도 깨지지 않게 하기 위한 암호 방식(내양자 암호) 개발도 활발히 이루어지고 있다.

그럼, 어떤 식으로 양자컴퓨터를 이용해 소인수분해를 하는 것일까? 그것을 구현하는 것이 **쇼어 알고리즘**이다[그림 6.7]. 소인수분해 알고리즘 일부에 양자 게이트를 잘 조합한 양자 계산부를 넣음으로써 빠른 소인수분해가 가능해진다. 이 알고리즘은 1994년에 발견된 이후 양자컴퓨터 개발의 강한 동기의 하나가 되었다.

그러나 실제로 현재 사용되는 암호 해독(예를 들면 2048비트 RSA 암호 등)을 쇼어 알고리즘으로 구현하기 위해서는 에러 내성 양자컴퓨터가 필요하고, 천만~1억 양자비트가 필요하다고 한다. 현재의 양자컴퓨터는 아직 수십 양자비트가 구현되는 단계이므로 아직은 비현실적이다.

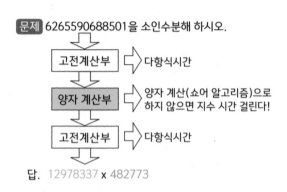

[그림 6.7] 쇼어 알고리즘

6.3.2 계산 방법

쇼어 알고리즘은 큰 수의 소인수분해를 고속으로 할 수 있다. [그림 6.8]에 플로차트를 나타냈다. 플로차트에서는 한가운데 **위수 발견** 부분만 양자 계산 부분으로 양자컴퓨터로 계산한다. 위수(Order) 발견은 고전컴퓨터로 계산하면 계산량이 방대해지지만, 양자컴퓨터로는 소인수분해하려는 수의 비트 수(L)의 3제곱의 복잡도로 계산할 수 있다. 알고리즘의 다른 부분도 고전컴퓨터로 L의 3제곱 이하의 복잡도로 계산이 가능하므로, 쇼어 알고리즘에 의한 소인수분해는 L의 3제곱의 복잡도로 가능하다고 할 수 있다.

[그림 6.8]의 플로차트를 간단히 알아보자. 우선, M이라는 소인수분해하려는 수를 고전 계산으로 쉽게 소인수분해 가능한지 점검한다(Step1). 그 다음에, M보다 작은 수 x를 준비해 M과 함께 위수 발견 양자 알고리즘에 입력한다(Step2). 위수 발견 알고리즘은 양자 푸리에 역변환을 응용하여 숨은 주기를 찾는 알고리즘으로, 이를 통해 위수 r을 찾을 수 있다. 그리고 준비한 수 x와 위수 r을 사용해 M의 소

인수 p를 구할 수 있다(Step3). gcd는 최대공약수를 나타낸다. 현대 암호 시스템에는 이처럼 '숨은 주기성'을 이용하는 경우가 많다. 언뜻 랜덤한 난수로 보이는 수 안에 주기성을 숨겨서 암호로 만드는 것이다. 이러한 숨은 주기성은 고전컴퓨터로는 찾기 어렵지만 양자컴퓨터로는 찾을 수 있다. 거기서 활약하는 것이 이 양자 푸리에 변환을 응용한 주기 발견 알고리즘이다.

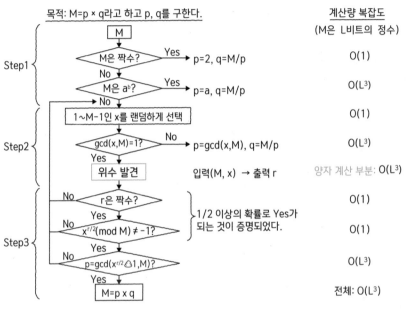

[그림 6.8] 계산 방법의 플로차트

쇼어 알고리즘은 현재 고전컴퓨터에 의한 가장 빠른 알고리즘보다 지수함수적으로 빠르게 계산할 수 있다고 여겨진다. 단, 쇼어 알고리즘이 고전컴퓨터의 모든 알고리즘에 대해 지수함수적으로 빠르다고 증명된 것은 아니다. 앞으로 더 효율적인 고전컴퓨터에 의한 소인수분해 알고리즘이 발견되는 날이 올 수도 있다.

6.4 ‖ 양자고전 하이브리드 알고리즘

노이즈가 있는 수십~수백 양자비트의 NISQ를 이용한 유용한 알고리즘의 개발은 현재 양자컴퓨터 개발에 있어서 시급한 과제가 되었다. 양자고전 하이브리드 알고리즘은 비만능 양자컴퓨터와 고전컴퓨터를 병용함으로써 고전컴퓨터만으로는 풀기 어려웠던 문제를 해결하는 알고리즘으로, 현재 활발하게 연구 중이다. 노이즈로 인해 계산 결과가 틀릴 수 있는 NISQ를 이용하여 의미 있는 계산을 하기 위해 고전컴퓨터로 가능한 계산은 적극적으로 고전컴퓨터를 활용하고 양자컴퓨터로만 실행할 수 있는 부분을 가능한 한 작게 함으로써 오류를 억제하고 효율적으로 계산하려는 연구가 진행되고 있다. 여기서는 특히 양자화학계산에 이용하는 VQE 알고리즘에 대해 알아보자.

6.4.1 양자화학계산

양자컴퓨터의 대표적인 응용처로서 기대되고 있는 것이 물질의 양자적인 움직임을 시뮬레이션 하는 양자화학계산 분야이다. 이는 원래 리처드 파인만(Richard Feynman)이 양자컴퓨터를 최초로 제창했을 때의 동기가 된 것이기도 하다.

양자역학에 따르는 물질의 움직임을 계산하는 양자화학계산을 고전컴퓨터로 하려면 막대한 계산량이 필요하다. 예를 들면, 자동차 소재와 의약품, 배터리 등 세상의 모든 재료는 연구 개발에 의해서 날마다 성능이 향상되고 있다.

자동차는 가볍고 강한 재료, 의약품은 질병에 효과적이고 부작용이 적은 재료, 배터리는 온도 변화에 강하고 오래가는 재료 등이 날마다 개발되고 있다. 그리고 소재 개발에는 재료의 미시적인 구조, 즉 소재를 구성하는 원자나 분자의 움직임을 올바르게 예측할 필요가 있다. 현재는 근사적인 모델을 사용해 고전컴퓨터로 시뮬레이션하거나 실제로 많은 실험을 해서 신재료를 개발하고 있다. 그러나 원자나 분자는 양자역학에 의해 그 움직임을 기술할 수 있으므로, 재료를 양자역학으로 정식화하여 시뮬레이션할 수 있다면 지금 이상으로 효율적으로 재료를 개발할 수 있다.

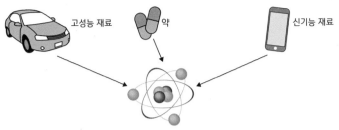

고성능 재료　　약　　신기능 재료

재료는 모두 원자와 분자의 조합으로 만들어진다.

원자나 분자의 움직임은 양자역학에 따른다.

새로운 재료를 탐색하려면, '양자화학계산'이 유용

고정밀도 '양자화학계산'은 고전컴퓨터로는
막대한 계산량이 된다

[그림 6.9] 양자화학계산

한편, 실제로 재료를 양자역학으로 정식화하면 매우 복잡해진다. 왜냐하면 재료는 많은 원자나 분자로 구성되어 있고, 그러한 원자, 분자끼리 각각 다양한 상호작용에 의해 서로 영향을 미치고 있기 때문이다. 양자역학을 바탕으로 정식화할 수는 있지만, 실제로 고전컴퓨터를 이용해 그 움직임을 계산하려고 하면 막대한 시간이 걸리는 것이 현실이다. 대형 국가 프로젝트로 슈퍼컴퓨터가 개발되는 것도 그런 문제를 풀기 위함이기도 하다.

그래서 양자컴퓨터가 나설 차례이다. 애초에 양자컴퓨터는 양자역학에 따라 움직이므로, '양자화학계산'을 고전컴퓨터보다 빠르게 계산할 수 있지 않을까 하고 기대하는 것이다. 그리고 실제로 서로 영향을 미치는(상호작용하는) 많은 원자나 분자를 포함한 구조(양자 다체계)를 시뮬레이션하는 방법(알고리즘)이나 실험 기술이 활발하게 연구되고 있다.

양자화학계산은 현재 매우 주목받고 있다. 그 이유는 사회에 도움이 되고 소규모 양자컴퓨터로도 구현 가능성이 높다고 여겨지기 때문이다.

6.4.2 VQE(Variational Quantum Eigensolver)

VQE는 양자화학계산을 위한 양자고전 하이브리드 알고리즘이다. VQE는 '변분 양자 고윳값 계산'으로 번역되며, 양자화학계산으로 분자 등의 에너지 상태를 계산할 수 있다. VQE에서는 '시행 파동 함수'를 고전컴퓨터로 계산하고, 그 정보를 양자 게이트로 나타내어 양자컴퓨터로 보낸다. 그리고 양자컴퓨터로 계산한 결과를 다시 고전컴퓨터에 되돌려주고, 그 결과에 근거해 '시행 파동 함수'를 갱신해 가는 등의 처리를 반복한다. 이를 통해 올바른 파동함수를 구할 수 있고, 분자의 에너지 상태를 고속으로 정확히 구할 수 있을 것으로 기대된다.

VQE와 같은 NISQ를 능숙하게 다루는 양자고전 하이브리드 알고리즘의 개발은 향후 더욱 중요해진다. NISQ가 만들어지더라도 이를 사용한 사회에 유용한 알고리즘이 없다면 개발을 지속하기 어려워지고, 만능 양자컴퓨터로 향하는 길도 닫혀 버릴지 모른다. 그래서 사회에 도움이 되는 NISQ 알고리즘이 발전하기를 기대하고 있다.

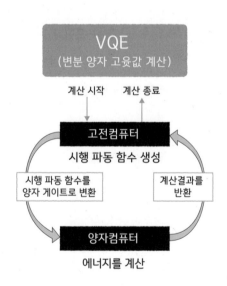

[그림 6.10] VQE(Variational Quantum Eigensolver)

6.5 ║ 양자컴퓨터를 둘러싼 시스템

실제로 양자컴퓨터가 생겼을 때, 양자 계산이 위력을 발휘하여 사용하기 편리하도록 애플리케이션(여기에서는 양자 애플리케이션) 개발을 빠뜨릴 수 없다. 이 장에서는 양자 애플리케이션을 포함한 양자컴퓨터 시스템의 전체 모습에 대해서 현재 고안 중인 구성의 한 예를 알아보자.

[그림 6.11]에 양자컴퓨터를 둘러싼 전체 시스템 개념도를 한 예로 나타냈다. 먼저, 풀고자 하는 문제를 생각한다. 여기서는 고전컴퓨터로 풀기 어려운 매우 계산량이 많은 문제를 선택한다. 예를 들어, 슈컴퓨터로도 풀기 어려운 양자화학계산과 관련된 문제를 고전컴퓨터로 풀어보려고 한다. 이 문제를 풀기 위해서는 먼저 문제를 정식화해서 컴퓨터로 계산할 수 있는 형태로 만들어 주어야 한다. 풀고 싶은 문제가 막연해서는 풀 수가 없으므로, 입력은 무엇이고, 어떤 계산을 하고, 어떤 답을 출력하고 싶은지 명확하게 한다.

이것이 문제의 정식화이다. 예를 들어, 양자화학계산에서는 분자의 에너지 등을 정식화하는 것이 여기에 해당한다.

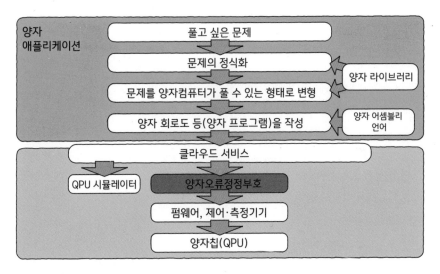

[그림 6.11] 문제의 정식화

그다음에 정식화된 문제를 양자컴퓨터가 풀 수 있는 형태로 변형한다. 양자 회로 모델에서는 기존의 컴퓨터와 달리, 양자비트와 양자 게이트를 사용해서 계산한다. 그러므로 양자컴퓨터로 풀 수 있는 형식으로 변환해야 한다.

양자컴퓨터의 구조를 깊이 이해하고, 정식화된 문제를 양자 계산의 틀에서 다시 파악하는 것이 필요하다. 이 단계에서는 문제의 정식화도 포함해 다양한 오픈소스 라이브러리가 계속해서 개발되고 있다. 이러한 라이브러리를 이용해 자신이 풀고 싶은 문제를 양자컴퓨터가 풀 수 있는 형태로 변환한다. 예를 들어, 양자화학계산에서는 OpenFermion이라는 오픈소스 라이브러리가 있다.

다음으로 양자컴퓨터가 풀 수 있는 형태로 변환된 문제로 양자 회로도를 작성한다. 이것은 양자 프로그램이라고도 한다. 이 단계에서는 양자 회로도를 기술할 양자 어셈블리 언어가 개발되고 있다. 예를 들어, IBM의 Open QASM이나 Rigetti의 Quil 등이 있다. 그리고 보통은 양자컴퓨터가 수중에 없기 때문에 클라우드를 경유하여 실제 기기에 액세스한다고 가정해보자. 여기서 양자 오류 정정 부호를 부가한 양자 회로도로 변환한다. 양자 오류 정정 부호란 양자컴퓨터로 계산하는 도중에 노이즈가 발생했을 때, 이 부호에 의해 오류를 정정해서 계산을 계속할 수 있도록 부가하는 것이다. 다만, 현재는 양자 오류 정정을 실제 기기로 구현할 수 있는 단계가 아니기 때문에, 이것은 장래에 양자 오류 정정 기능이 구현되었을 경우의 이야기가 된다.

그리고 실제로 양자컴퓨터를 움직이기 위해서는 양자칩 내의 양자 연산 장치(Quantum Processing Unit: QPU)를 제어한다. 많은 제어 장치와 측정 장치를 구사하여 QPU를 작동시키고 원하는 계산을 한다.

예를 들면, 초전도 회로를 이용한 양자 회로 모델의 양자컴퓨터의 경우 마이크로파의 펄스를 초전도 회로로 만들어진 QPU 내의 양자비트로 보내서 양자 게이트를 연산하는 등의 방법이 있다[그림 6.12]. 계산 실행은 '양자비트 초기화', '양자 게이트 연산', '계산 결과 읽어내기' 등의 단계를 밟아 이루어진다. 위에서 만든 계산 프로그램인 양자 회로도는 양자 게이트 연산 방법을 기술한 것이다. 예를 들어, 이 게이트 연산은 마이크로파 펄스열로 변환된다. 여기서 어느 타이밍에 어떤 형상의 펄스를 어느 양자비트에 보낼지를 결정하게 된다.

QPU를 작동시켜 측정된 계산 결과로부터 구하고자 하는 문제의 답을 도출하고 계산이 종료된다. 현재 연구 단계인 QPU를 누구나 사용하기 어렵기 때문에 QPU 시뮬레이터로 대체하는 경우도 많다. QPU 시뮬레이터는 고전컴퓨터를 이용해 QPU를 의사적으로 표현한 것으로, 고속 계산은 되지 않지만 QPU의 동작 검증이나 소규모 문제로 어플리케이션을 탐색할 때는 중요하다. 이상이 양자컴퓨터 시스템의 한 예에 대해 알아보았다. 실제 양자컴퓨터의 이미지가 연상되는가?

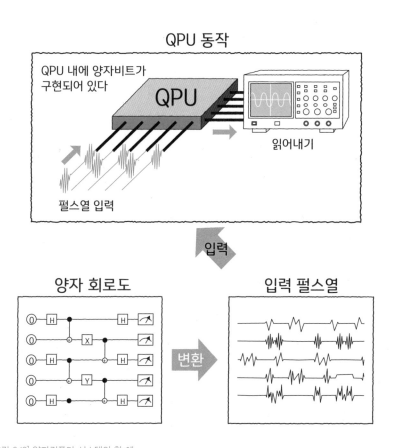

[그림 6.12] 양자컴퓨터 시스템의 한 예

양자 회로 모델 이외의 양자 계산 모델

만능 양자 계산 모델은 이 책에서 다룬 양자 회로 모델 이외에도 여러 개가 있고, 이들은 모두 계산량에서 등가(같은 계산 능력[*1]) 계산 모델인 것으로 알려졌다. 또한, 양자 어닐링은 상기 양자 계산 모델과 등가가 아니라서 특수한 예이지만, 관련된 계산 모델에 '단열양자 계산'이 있고, 이 모델은 상기 양자 회로 모델 등과 등가인 만능 양자 계산 모델이다. 여기서 각각의 양자 계산 모델에 관해 그 개요를 소개한다.

• 양자 튜링 머신

데이비드 도이치에 의해 제창된 양자컴퓨터의 이론 모델이다. 추상적인 가상 머신으로서 모델화되어 있으며 물리적으로 구현하기 위해서는 다음과 같은 구현에 더 가까운 모델이 채용되고 있다. 고전컴퓨터의 계산 모델인 튜링 머신의 양자 버전이다.

양자 조작이 기록된 테이프

양자 상태를 읽고 쓰는 헤드

[그림 6.13] 양자 튜링 머신의 개념도

• 양자 회로 모델(양자 게이트 모델)

가장 인지도가 높은 양자 계산 모델이며 이 책에서 자세히 다루었다. 고전계산의 논리 게이트에 해당하는 양자 게이트를 이용하여 계산한다. 초전도 회로 등 다양한 물리계에서 실험이 이루어지고 있다.

• 측정형 양자 계산(텔레포테이션형 양자 계산)

측정을 적극적으로 이용해서 계산하는 계산 모델. 처음에 다수의 양자비트에 의한 대규모 양자얽힘 상태(인탱글먼트, 클러스터 상태)를 준비해 두고, 양자비트를 순차적으로 측정하여 계산하는 일방향 양자 계산 방법 등이 있다. 이 방법으로는 측정 방법에 따라 어떤 계산이 이루어질지 결정된다. 빛을 이용한 양자 계산 실험이 이루어지고 있다.

[*1] 여기서 같은 계산 능력이란 정확하게는 다항식 시간으로 변환이 가능하다는 뜻이다. 따라서 구체적인 계산 시간, 에러 내성 등은 큰 차이가 있을 수 있다.

• 토폴로지컬 양자 계산

'땋임(braid)'이라고 하는 수학 이론이 있다. 땋임 이론은 아래로 드리워진 여러 개의 끈을 땋는 방법에 관한 이론으로, 이 이론을 이용해 양자 계산을 모델화할 수 있다. 애니온이라는 양자적인 특수한 입자의 궤적을 끈에 대응시킴으로써 양자컴퓨터를 구현할 수 있으며, 이 방법은 노이즈에 강하다고 한다. 마이크로소프트는 토폴로지컬 초전도체에 의한 방식의 양자컴퓨터 구현을 목표로 연구하고 있다.

• 단열 양자 계산

물리학의 정리 중 하나로, '단열 정리'라는 것이 있다. 처음에 기저 상태에 있는 양자 상태에서 해밀토니안(Hamiltonian, 해밀턴 연산자)을 천천히 변화(단열변화)시키면 양자 상태는 해밀토니안의 기저상태를 계속 유지하면서 상태가 변화해 간다는 정리이다. 이 양자역학의 일반 정리를 이용해 양자 계산을 하는 것이 단열 양자 계산이며, 에드워드 페리 등에 의해 2001년에 제안되었다. 1999년에 니시모리 등이 제안한 양자 어닐링과 깊은 연관성이 있다.

6

제7장

양자 어닐링

양자 어닐링은 조합최적화 문제에 특화한 기법으로, 전용 기기인 비고전컴퓨터 '양자 어닐러'를 이용해 문제를 푼다. 또한, 양자 어닐링을 실행하기 위해서는 문제를 이징 모델로 변환(매핑)해야 한다. 이 장에서는 이징 모델부터 조합최적화 문제의 기본, 시뮬레이티드 어닐링, 양자 어닐링을 순서대로 설명하고, 양자 어닐링에 의한 고속화의 원리를 알아보자.

7.1 ‖ 이징 모델

이징 모델이란 물리학의 한 분야인 통계역학에서 이용되는 양자계의 단순한 모델이다. 우선은 이징 모델에 관해 알아보자.

7.1.1 스핀과 양자비트

양자 어닐링은 주류인 양자 회로 모델에서 말하자면 아류이며 연구의 역사도 양자 회로 모델에 비하면 아직도 짧고, 현재 이론 연구와 실험이 동시에 진행되고 있다. 양자 어닐링은 **통계 역학**이라는 물리학과 밀접하게 관련되어 있다. 통계역학이란 다수 입자의 행동을 통계적으로 취급하여 미시적 물리 법칙으로부터 매크로(거시적) 성질을 이끌어내는 학문이다. 통계역학에서는 예를 들어 원자가 많이 모여 생긴 가스나 고체의 성질을 단순화한 모델을 사용해서 설명하는 이론 구축 등이 이루어진다. '온도와 압력을 물질에 가하면 그 물질은 어떻게 되는가?', '자기장을 걸면 어떻게 되는가?'와 같은 성질을 이론적으로 탐구하는 학문이다.

그중에서 자석의 성질을 가진 물질(자성체)의 성질을 설명하기 위한 모델로서 이징 모델(이징 모형)이라는 모델이 있다. 이 모델은 격자 모양으로 작은 자석이 배치되어 있을 뿐인 매우 단순한 구조이다. 이 작은 자석은 양자역학적인 성질을 가지고 있고 **스핀**이라고 한다. 이징 모델은 자성체를 양자적인 작은 자석 스핀의 집합으로 모델화한 것으로, 이 스핀은 위나 아래를 향할 수 있다. 상하는 작은 자석의 N극 방향이라고 이해하면 된다.

또한, 스핀은 양자적인 성질을 가지고 있으므로 위를 향한 상태와 아래를 향한 상태가 중첩 상태로 되어 있다. 스핀의 상향과 하향의 두 가지 상태를 |0⟩과 |1⟩에 대응시키면, 양자비트와 마찬가지로 다룰 수 있다. 즉, 이징 모델의 스핀은 양자비트 자체가 된다[그림 7.1].

이징 모델

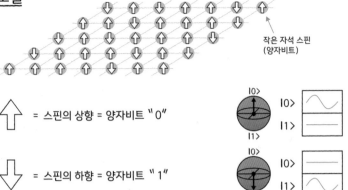

⬆ = 스핀의 상향 = 양자비트 " 0 "

⬇ = 스핀의 하향 = 양자비트 " 1 "

[그림 7.1] 이징 모델

7.1.2 이징 모델의 상호작용

이징 모델에서는 격자 모양으로 늘어선 각 스핀끼리 서로 영향을 미치는 효과가 있다. 예를 들면, 2차원 이징 모델[그림 7.1]에서는 바둑판 눈 모양으로 스핀이 나열된 상황으로, 하나의 스핀은 인접한 네 개의 스핀과 결합하고 있다. 그리고 이 스핀들이 서로 영향을 미칩니다. 이런 현상을 **상호작용**이라고 한다. 상호작용은 한 결합당 하나가 설정되어 있고, 부호의 수(실수)에 의해서 정해진다.

예를 들면, 상호작용이 플러스 값인 경우, 이 상호작용을 가진 결합으로 연결된 2개의 스핀은 같은 방향을 향하려고 한다. 상대가 위쪽이면 나도 위쪽을, 상대가 아래쪽이라면 나도 아래쪽을 향하고 싶어 한다. 그렇게 안정된 상태가 된다. 반대로, 상대가 위쪽을 향하는데 나는 아래쪽을 향하고 있으면 불안정한 상태가 되어, 때를 노려 빙글 돌아서 위쪽을 향하여 안정된 상태가 되려고 한다. 또한, 상호작용이 마이너스 값인 경우는 같은 방향이면 불안정해서 반대 방향이 되려고 한다.

상호작용이 플러스인 경우를 **강자성**, 마이너스인 경우를 **반강자성**이라고도 한다. 또한, 가장 안정적인 상태를 **기저상태**라고 한다. 이징 모델의 스핀은 내버려두면 자연스럽게 안정된 상태로 이행하려고 한다. 즉, 기저상태가 되려고 하는 성질을 갖고 있다[그림 7.2].

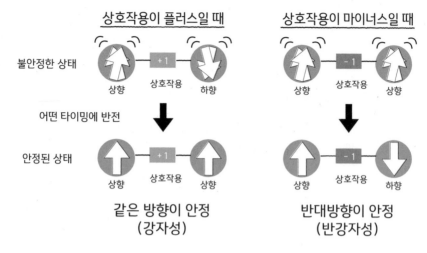

[그림 7.2] 이징 모델의 상호작용

7.1.3 불안정한 상태, 프러스트레이션

[그림 7.2]에서는 두 가지의 스핀을 예로 들어 설명했는데, 실제 2차원 이징 모델에서는 상하좌우 4개의 스핀과 결합하는 경우가 있다. 여기서 스핀 4개를 꺼내서 생각해보자. 4개의 스핀이 [그림 7.3]처럼 결합되어 있는 경우, 2개의 상호작용이 플러스이고 나머지 2개의 상호작용이 마이너스이면 상향과 하향이 각 2개씩이므로 모든 스핀이 안정된 상태가 될 수 있다.

반면, 3개의 상호작용이 플러스이고 1개가 마이너스인 경우는 아무리 해도 모든 스핀이 안정된 상태가 될 수 없다. 어떤 조합으로도 반드시 불안정한 스핀이 나오고 만다.

이처럼 어떤 스핀 조합으로도 불안정한 스핀이 나오는 경우를 "프러스트레이션이 있다."라고 한다. 프러스트레이션(frustration)이란 '욕구불만' 등으로 해석할 수 있으며, 안정된 상태가 되고 싶은데 될 수 없는 욕구불만인 스핀이 존재하는 상태를 나타낸다.

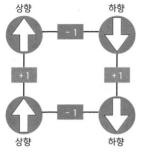

프러스트레이션이 없는 예

안정된 상태(조합)가
존재한다

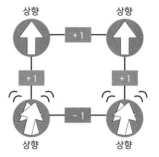

프러스트레이션이 있는 예

안정된 상태(조합)가
존재하지 않는다

[그림 7.2] 프러스트레이션

7.1.4 이징 모델의 에너지

이징 모델 내의 스핀이 어느 정도 안정되어 있는지 정량으로 나타내는 지표에 대해 생각해보자. 이를 **에너지**로 나타낸다. 불안정한 상태는 에너지가 높은 상태이며, 안정된 상태는 에너지가 낮은 상태에 각각 해당한다.

여기서 모든 스핀의 에너지 총합을 그 이징 모델의 **전체 에너지**라고 정의한다. 불안정한 상태의 스핀이 많을수록 전체 에너지는 상승하게 된다. 또 안정된 상태의 스핀이 많은 경우 에너지의 총합은 작아지며, 전체 에너지가 가장 낮은 상태를 **기저상태**라고 한다. 프러스트레이션이 없는 이징 모델의 기저상태에서는 모든 스핀이 안정된 상태가 된다. 한편, 프러스트레이션이 있는 경우는 아무래도 불안정한 스핀이 남게 되며, 이 경우도 전체 에너지가 가장 작아지는 스핀의 조합이 기저상태가 된다.

또한, 이 전체 에너지는 온도와 관련이 있는데, 자성체의 온도를 상승시키면 에너지를 높일 수 있다. 그 이유는 각 스핀이 열운동에 의해 랜덤하게 방향을 바꾸면서 불안정한 상태가 되기 때문이다. 또한, 온도를 낮춤으로써 안정된 상태를 만들어 낼 수 있다. 이것은 나중에 설명할 시뮬레이티드 어닐링과도 관련이 있다.

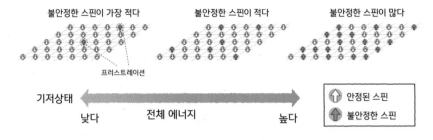

불안정한 스핀이 가장 적다   불안정한 스핀이 적다   불안정한 스핀이 많다

프러스트레이션

기저상태

낮다   전체 에너지   높다

⬆ 안정된 스핀
⬆ 불안정한 스핀

[그림 7.4] 이징 모델의 전체 에너지

7.1.5 이징 모델의 기저상태를 발견하는 문제

어떤 상호작용의 그룹이 설정된 경우 그 상호작용 아래에서 가장 에너지(모든 스핀의 에너지 총합)가 낮아지는 스핀 조합, 즉 '기저상태의 스핀 조합을 알고 싶다.'라는 문제 설정을 정한다. 즉, 그 상호작용의 그룹이 주어졌을 때 가장 안정된 상태의 스핀 조합을 찾아내는 문제이다[그림 7.5]. 이런 문제는 일반적으로 매우 어려워서 고전컴퓨터로도 기저상태를 구하려면 막대한 계산이 필요하다고 알려져 있다. 계산 클래스로서는 어떤 조건을 만족했을 때 NP 완전 문제가 된다.

그런데 여기서 두 가지 의문을 가질 수 있다. 이런 문제를 푸는 데는 과연 어떤 의미가 있을까? 그리고 이런 문제를 양자컴퓨터를 이용하여 고속으로 풀 수 있을까? 다음 장에서는 이러한 의문에 대해 알아보자.

풀고 싶은 문제의 예

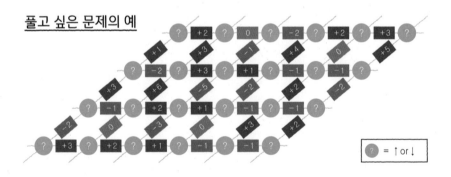

❓ = ↑ or ↓

[그림 7.5] 풀고자 하는 문제의 예

7.2 ║ 조합최적화 문제와 양자 어닐링

지금까지 알아본 이징 모델이 어떻게 도움이 되는지에 대해 알아보자.

7.2.1 조합최적화 문제란?

이징 모델의 기저상태를 구하는 문제는 사실 '조합최적화'라고 하는 문제 중 하나이다. 조합최적화 문제는 '다양한 제약에서 많은 가능한 선택지 중 어떤 관점에서 최적인 선택을 결정하는 것[*1]'이다. 예를 들어 다음과 같은 문제가 있다.

점포 배치 최적화 ········ 점포 직원의 배치를 각 직원의 희망에 최대한 따라서 작성하는 문제

작업 스케줄링 ············ 다양한 작업 공정을 여러 사람이 수행할 때 최적의 스케줄을 구하는 문제

물류 경로 최적화 ········ 비용이나 이동거리 등이 줄어들도록 다양한 제약조건에서 최적의 경로를 찾는 문제

정체 완화 ················· 교통 체증을 완화하기 위해 교통량을 최적화하는 문제

클러스터링 ················ 머신러닝에서 이용되는 다양한 데이터를 그 데이터가 갖는 특징의 유사도 등으로 분류하는 문제

모두 우리 일상에 가까운 문제와 직결되어 있음을 알 수 있다. 이러한 문제는 잘 정식화하면 조합최적화 문제로서 다룰 수 있다.

조합최적화 문제의 해법

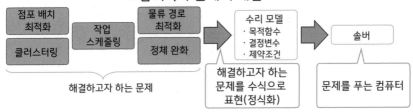

[그림 7.6] 조합최적화 문제의 예

*1 아나이 히로카즈, 사이토 츠토무. 오늘부터 쓸 수 있다! 조합최적화 : 이산문제 가이드북. 고단샤, 2015, p.4의 그림 1 참조.

이런 문제의 일반적인 접근법은 [그림 7.6]에 나타낸 것처럼 각각 해결하고 싶은 문제를 수식으로 표현해 '수리모델'을 작성한다. 그리고 컴퓨터(솔버)를 이용해 수리 모델의 해를 구한다. 이것이 조합최적화 문제를 다루는 일반적인 방법이다.

7.2.2 조합최적화로서의 이징 모델

이징 모델의 기저상태를 구하는 것이 세상의 문제를 푸는 데 무슨 도움이 될까? 라는 의문에 대해서 대답할 때가 왔다. 사실은 위와 같은 조합최적화 문제로 분류되는 세상의 문제는 대부분 이징 모델의 기저상태를 구하는 문제로 표현할 수 있다.(어떤 문제를 이징 모델로 매핑(변환)하는 데 많은 계산 시간을 필요로 하는 경우도 있다.) 그래서 이징 모델의 기저상태를 고속으로 구할 수 있는 컴퓨터가 있으면 위의 문제를 빠르게 해결할 수 있게 되고, 세상의 많은 문제를 해결할 가능성이 있다. 양자 어닐링을 이용하면 후술하는 기존 방식인 시뮬레이티드 어닐링보다 고속으로 구할 수 있을 것이라고 기대된다[그림 7.7].

[그림 7.7] 조합최적화 문제의 새로운 계산 기법

7.2.3 조합최적화 문제의 프레임

여기서는 일반적인 조합최적화 문제를 푸는 방법을 설명하고자 한다. 세상의 다양한 문제를 수식을 이용해 기술하고 해결하는 방법을 **수리 최적화**라고 한다. 수리 최적화에서는 문제를 '목적함수', '결정변수', '제약조건'이라는 세 개의 관계식으로 나타내서 정식화한다. 목적함수는 비용이나 작업시간 등 최소화(또는 최대화)하고 싶은 것을 나타낸 함수, 결정변수는 목적함수 내에서 이용되는 변수, 제약조건은 결정변수가 만족해야 하는 조건식이다. 제약조건을 만족시키면서 목적함수가 최소(또는 최대)가 되는 결정변수의 조합을 구하는 것이 수리 최적화이다.

이징 모델의 기저 상태를 구하는 문제를 정식화하면, 목적함수는 전체 에너지에, 결정변수는 스핀의 조합에, 제약조건은 상호작용과 국소자장[*2]에 각각 대응한다[그림 7.8].

이징 모델의 경우

목적함수: 전체 에너지
결정변수: 스핀의 조합
제약조건: 상호작용, 국소자장

[그림 7.8] 이징 모델의 경우

수리 최적화는 결정변수에 따라 **연속 최적화**(결정변수가 연속값)와 **조합최적화**(결정변수가 이산값)로 나뉜다. 여기에서는 조합최적화를 중점을 두어 설명한다. 조합최적화에 속하는 문제는 다양하지만 비슷한 문제를 정리해서 대표적인 표준 문제로 분류할 수 있다. 예를 들어, 표준 문제는 네트워크에 관한 문제, 스케줄링에 관한 문제 등 일반적으로 중요한 문제를 그룹화하고 있다. 보통은 풀고자 하는 조합최적화 문제를 표준 문제의 어느 것과 가까운지 생각하고, 그 가까운 표준 문제의 정식화 방법 및 자주 이용되는 해법을 참고로 풀이법을 생각해 나간다. 각각의 표준 문제를 푸는 방법은 이전부터 오랫동안 연구되고 있어 사용되는 해법과 알고리즘의 정석이 있다[그림 7.9][*3].

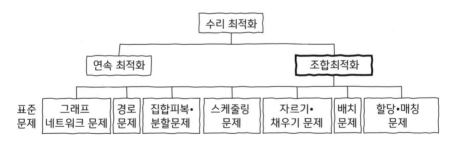

[그림 7.9] 알고리즘의 정석

---

*2 국소자장: 실제로는 스핀 간의 상호작용뿐만 아니라 각 스핀에 대한 국소적인 자장도 제약조건으로서 이용한다.
*3 아나이 히로카즈, 사이토 츠토무. 오늘부터 쓸 수 있다! 조합최적화 : 이산문제 가이드북. 고단샤, 2015, p.41의 그림 2.2 참조.

7.2.4 조합최적화 문제의 해법

표준 문제를 푸는 방법은 지금까지 오랜 연구의 역사가 있다. 엄밀한 최적해를 얻기 위한 범용 알고리즘(엄밀해법), 근사한 해를 얻기 위한 범용 알고리즘(근사해법), 그리고 각각의 문제에 특화된 효율적인 전용 알고리즘이 있으며, 각각의 문제나 상황에 따라 구분되어 사용된다. 그중에서 근사해법은 현실적인 계산 시간으로 엄밀한 최적 솔루션은 아닐지도 모르지만, 최선의 근사해를 얻을 수 있는 알고리즘이다. 조합최적화 문제를 푸는 근사해법에는 여러 가지가 있는데, 그중 하나가 **메타 휴리스틱스**라는 분류가 있고, 다시 그 안에서 **시뮬레이티드 어닐링**이라는 방법이 있다.

메타 휴리스틱스에는 유전 알고리즘 등 생물의 메커니즘을 모방한 근사해법이 있어, 단순한 계산으로는 고정밀의 해를 얻을 수 없는 어려운 문제에 대해서도 고정밀의 해를 얻을 수 있는 경우가 있다. 시뮬레이티드 어닐링도 근사해법의 일종이며, 액체인 철이 고체가 되는 과정(풀림=어닐링)을 모방해 문제를 푸는 방법으로, 널리 이용되는 메타 휴리스틱스 중 하나이다[그림 7.10]. 시뮬레이티드 어닐링은 고전컴퓨터를 이용하는 근사해법이지만, 양자 버전으로서 양자 어닐링이 있다. 이 방법들은 상기 이징 모델의 기저상태를 구하는 문제에도 사용할 수 있다.

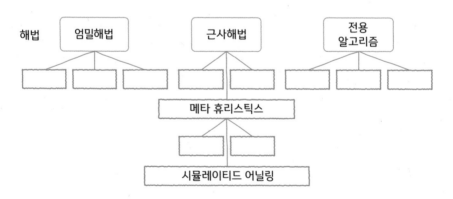

[그림 7.10] 조합최적화 문제 풀이법의 분류

7.3 ‖ 시뮬레이티드 어닐링

양자 어닐링의 전 단계로서 조합최적화 문제를 풀기 위해 이미 널리 사용되고 있는 시뮬레이티드 어닐링에 대해 알아보자. 시뮬레이티드 어닐링은 고전컴퓨터로 구현한 알고리즘으로 일반 PC로 계산할 수 있다. 또한, 양자 어닐링에 의한 고속화의 열쇠가 되는 에너지 랜드스케이프라는 개념에 관해서도 알아보도록 하자.

7.3.1 이징 모델의 기저상태 탐색

이징 모델의 기저상태를 구하는 문제는 효율적인 엄밀해법이나 유효한 전용 알고리즘이 알려지지 않아 근사해법으로 풀게 된다. 특히 시뮬레이티드 어닐링은 널리 이용되는 방법이다.

이징 모델을 컴퓨터 상에서 구현하면 계산에 의해 이징 모델 전체의 에너지를 계산할 수 있다. 이 에너지가 낮으면 낮을수록 기저상태, 즉 구하고자 하는 답에 가까워진다. 우선 상하 랜덤한 스핀 조합을 초기 상태로 준비해서 전체 에너지를 계산해 보자. 에너지는 미리 설정된 상호작용의 값과 각 스핀이 향한 방향으로 계산할 수 있다[그림 7.11].

이징 모델의 스핀 한 개를 랜덤하게 골라 반전해 본다. 반전 후에 전체 에너지를 다시 계산하고, 반전 전과 후 어느 쪽의 에너지가 낮은지 살펴본다. 반전 후에 에너지가 더 낮아지는 경우는 반전된 상태로 두고, 반전 전이 에너지가 낮은 경우는 원래대로 되돌린다. 이 동작을 반복하다 보면, 언젠가는 가장 에너지가 낮은 상태에 도달해서 기저상태의 스핀 조합이 구해질 것이라고 예상하는 것이다. 하지만 실제로는 그렇게 잘 되지 않는다. **국소 최적해(로컬 미니멈)**라는 근사해에 빠져 버리기 때문이다.

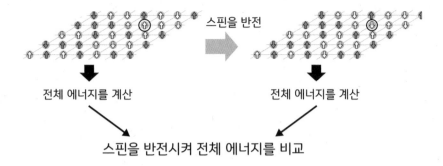

스핀을 반전

전체 에너지를 계산   전체 에너지를 계산

스핀을 반전시켜 전체 에너지를 비교

[그림 7.11] 전체 에너지를 계산

7.3.2 에너지 랜드스케이프

에너지 랜드스케이프라는 개념에 대해 알아보자. 에너지 랜드스케이프는 이 문제의 경우 가로축에 이징 모델의 스핀 조합을 취하고, 세로축에 전체 에너지를 취한 그래프이다. 스핀 조합 하나하나에 대해 전체 에너지를 계산할 수 있으므로, 에너지 랜드스케이프를 그리려면 모든 스핀의 조합에 대해 전체 에너지를 계산할 필요가 있다. N개의 스핀 조합은 2^N개이므로, N이 커지면 모든 조합에 대한 에너지를 계산할 수 없게 되고, 에너지 랜드스케이프 전체를 그리기가 어려워진다. 그러나 문제의 구조를 직관적으로 이해하기 쉽도록 이러한 그래프를 이용해 설명한다.

에너지 랜드스케이프의 가장 낮은 위치가 기저상태가 된다. 시뮬레이티드 어닐링에서는 스핀을 하나하나 반전해 나가는데, 그것은 에너지 랜드스케이프 상의 가로 방향으로 미소 구간(아주 작은 구간)마다 벗어나는 것에 대응한다. 현재 위치에서 조금 벗어나서, 그 점에서의 전체 에너지(즉 높이)를 구하고 아까 있던 곳보다 더 높은지 낮은지를 본다. 높으면 올라가야 하므로 진행하지 않는 것이 좋고, 낮으면 내려가게 되므로 기저상태에 가까워질 가능성이 있다. 이렇게 스핀을 1개씩 반전시키며 에너지 랜드스케이프를 더듬어 간다. 이렇게 해서 **가장 낮은 장소(기저상태)**까지 도달할 수 있으면 문제가 해결(즉, 기저상태의 스핀 조합을 찾아낸 것)된 것이다.

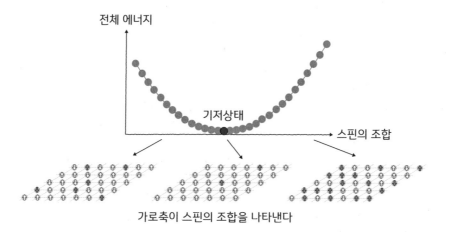

전체 에너지

기저상태

스핀의 조합

가로축이 스핀의 조합을 나타낸다

[그림 7.12] 에너지 랜드스케이프

7.3.3 경사 하강법과 로컬 미니멈

그림 [7.13]과 같이 에너지 랜드스케이프가 단순한 구조를 가진 문제라면 아래로 내려가는 것만으로 기저상태에 도달할 수 있으므로, 에너지가 작아질 때만 스핀을 반전시킴으로써 문제를 풀 수 있다. 이러한 방법을 **경사 하강법**이라고 한다. 그러나 에너지 랜드스케이프가 복잡한 구조인 경우는 그렇게 할 수 없고, 로컬 미니멈(국부 최적해)에 사로잡혀 버린다.

로컬 미니멈이란 경사 하강법과 같은 단순한 방법으로 조합최적화 문제를 푼 경우에 빠지는 해로, 위의 알고리즘이 수렴되어 어느 스핀을 반전시켜도 그 이하의 에너지가 되지 않는 경우의 스핀 조합을 말한다. 이 상태에서는 어느 하나의 스핀을 반전시켜도 에너지가 낮아지지 않지만, 만약 임시로 두 개를 동시에 반전시키면 더 낮은 에너지가 될 가능성이 있다. 에너지 랜드스케이프의 골짜기에 있기 때문에 더는 어느 방향으로 움직여도 에너지가 내려가지 않는다.

이처럼 하나씩 순차적으로 반전시킨 경우에 최적해라고 생각해도, 실제로는 더 좋은 해가 따로 있을 가능성이 종종 있다. 찾는 시야가 좁아 진짜 답으로 가지 못하고 가짜 답에 만족하는 상태인 것이다. 따라서 에너지가 더 낮은 글로벌 미니멈(전역 최적해)인 기저상태를 찾아야 한다.

문제를 푸는 단계에서는 에너지 랜드스케이프의 전체 구조를 알 수 없다. 복잡한 구조인지 단순한 구조인지 미리 알 수 없으므로, 현재의 해가 로컬 미니멈에 빠졌는지 글로벌 미니멈인지 판단하기는 어렵다[그림 7.13]. 그래서 로컬 미니멈에 빠지기 어렵게 하는 방법이 필요하다.

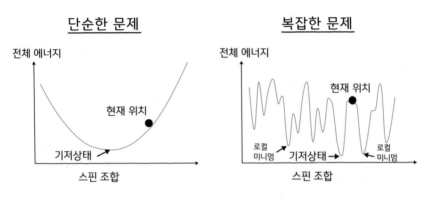

[그림 7.13] 에너지 랜드스케이프의 전체 구조를 알 수는 없다

7.3.4 시뮬레이티드 어닐링

이와 같이 로컬 미니멈에 빠지는 과제를 해결하기 위해 개발된 것이 시뮬레이티드 어닐링이다. 시뮬레이티드 어닐링에서는 스핀을 반전한 후 에너지가 낮아지지 않고, 반전하기 전 에너지가 낮은 경우에도 어떤 확률에 따라 반전을 '수용'하는 심술쟁이 같은 일을 때때로 하곤 한다. 이 때문에 로컬 미니멈에 빠져도 거기에서 벗어날 수 있게 된다. 골짜기를 내려올 뿐만 아니라 산을 오를 수 있게 되는 것이다.

또한, '에너지가 높아지는 스핀의 반전을 수용할 확률'을 처음은 높게 설정하다가 점점 낮춰 간다. 즉, 처음에는 에너지가 낮아지지 않아도 적극적으로 스핀을 반전시켜 상태를 변화시켜나가고, 차츰 에너지가 낮아지는 스핀의 반전만 수용하도록 한다. 이를 통해 높은 확률로 글로벌 미니멈 또는 그와 가까운 로컬 미니멈(정밀도가 좋은 근사해)에 다다르는 것으로 알려져 있다. 이때 '에너지가 높아지는 반전을 수용할 확률'은 온도가 높은 상태에 대응한다. 따라서 시뮬레이티드 어닐링에서는 서서히 온도를 낮춰가는 알고리즘이라고도 할 수 있다. 금속의 온도를 서서히 내려 결정을 성장시켜 결함을 줄이는 작업인 풀림(=어닐링)을 본떠 붙여진 이름이다. 시뮬레이티드 어닐링은 단순한 알고리즘이며 다양한 문제에 응용할 수 있어 널리 이용되는 최적화 문제의 해법이다. 그러나 스핀을 하나하나 차례로 반전시키고 그때마다 에너지를 계산할 필요가 있기 때문에 규모가 큰 문제나 복잡한 문제에서는 계산량이 막대해진다.

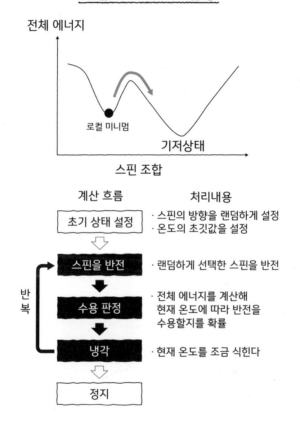

[그림 7.14] 시뮬레이티드 어닐링

[그림 7.14]에 시뮬레이티드 어닐링 이미지와 계산의 플로 차트를 나타냈다. 스핀의 반전과 수용 판정, 냉각을 반복함으로써 어닐링을 실시해 나간다. 간단한 알고리즘으로 널리 여러 문제에 적용할 수 있기 때문에 다양한 분야에서 사용되고 있다.

7.4 ║ 양자 어닐링

양자 어닐링이란 대체 무엇일까? 지금까지 설명한 지식을 토대로 하여 양자 어닐링의 구조를 이해할 수 있다.

7.4.1 양자 어닐링의 자리매김

양자 어닐링은 이징 모델의 기저상태(또는 그에 가까운 근사해)를 고속으로 구할 수 있을 것으로 기대되는 계산 기법으로, 양자성을 이용하여 계산의 고속화를 지향한다. 양자 어닐링을 하기 위해서는 양자성을 다룰 수 있는 하드웨어가 필요하다. 양자 어닐링을 하기 위해 만들어진 기계를 **양자 어닐러**라고 한다.

양자 회로 모델이 만능 양자 계산이라고 해서 범용성이 높은 반면에, 양자 어닐링은 조합최적화 문제 등에 특화된 전용기로 자리 잡았다. 여기서 주의할 점은 D-Wave Systems의 양자 어닐러는 고전계산에 대한 우위인 고속성의 증거가 없는 연구 단계라는 점이다. 즉, 1.1.5의 비고전 컴퓨터의 분류로 볼 수 있다. 정말로 고속 계산이 가능한지, 어떻게 개량하면 '양자 계산'이라고 부를 수 있는 계산을 구현할 수 있는에 대한 이론과 실험이 양면에서 연구되고 있다.

[그림 7.15] D-Wave Systems의 양자 어닐러

7.4.2 양자 어닐링의 계산 방법 1 : 초기화

양자 어닐링의 기본 동작에 대해 알아보자. 대상이 되는 조합최적화 문제는 다양한 조합 중에서 하나의 최상의 조합을 하나 구하는 것이 목적이다. 양자 어닐링에서는 이 해의 후보가 되는 조합 하나하나를 양자비트의 상태로 나타나도록 한다. 즉, '000000…0'에서 '111111…1' 중 하나가 구하고자 하는 최선의 답이 된다. 양자 어닐러에는 양자비트가 다수 구현되어 있다. 우선은 모든 양자비트를 '0'과 '1'이 균등한 중첩 상태로 한다. 이것이 양자 어닐링에서의 초기화이다. 양자 회로 모델에서 말한 H 게이트에 모든 양자비트를 통과시키는 연산과 같은 연산을 함으로써 이 상태를 구현한다. 이 연산을 양자 어닐링에서는 '횡자장'을 건다 또는 '양자 흔들림'을 인가 (=준다)한다고 한다. 이로써 양자비트 '000000…0'에서 '111111…1'까지의 모든 상태의 중첩 상태를 구현해 모든 해 후보가 동시에 구현된다.

시뮬레이티드 어닐링에서는 임의로 어떤 하나의 상태를 준비하고, 거기에서부터 탐색해 갔다. 이 방식에서는 모든 해 후보 상태가 선택될 가능성이 있지만, 선택되는 상태는 단 하나이므로 처음에 선택된 상태에 따라서 올바른 해를 얻을 확률 (해의 정밀도)도 변화한다. 반면에 양자 어닐링에서는 양자적으로 모든 해 후보의 상태가 구현되어 있어 시뮬레이티드 어닐링의 경우와는 다르다. 따라서 최초로 선택된 상태에 의해 해의 정밀도가 변화하는 일도 없다.

양자 어닐링의 초기화

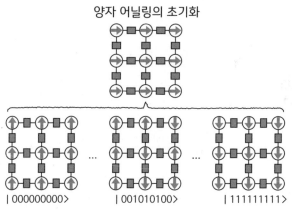

횡자장을 걸어 모든 해 후보의 중첩 상태를 생성한다

[그림 7.16] 양자 어닐링의 초기화

초기화가 완료되면 구현된 해 후보의 모든 중첩 상태에서 해를 탐색해 간다. 해의 탐색은 양자 흔들림을 약화시킴으로써 구현된다. 양자 흔들림을 약하게 하는 한편, 이징 모델의 상호작용의 강도를 높여 간다. 이로써 점차 상호작용의 영향이 드러나고, 상호작용의 영향으로 양자비트의 상태는 전체적으로 더욱 안정되도록 '0' 또는 '1'의 상태로 결정되어 간다. 이 프로세스가 양자 어닐링에서의 계산으로, **어닐링(풀림) 연산**이라고 한다.

풀고자 하는 문제는 이징 모델의 기저상태를 구하는 문제로 변환되어 있으며 상호작용의 값으로 매핑된다. 최종적으로 양자 흔들림을 충분히 약하게 하면 양자비트들은 고전적인 비트, 즉 0이나 1로 결정된 상태가 된다. 양자 회로 모델에서 측정한 후와 같은 상태가 되었다고도 할 수 있다. 그렇게 해서 생긴 양자비트 최종상태의 조합이 양자 어닐링 계산 결과에 대응한다[그림 7.17]. 이 최종 상태의 조합은 충분히 오랜 시간 어닐링 연산을 함으로써 기저상태에 도달하는 것으로 나타난다. 다만, 오랜 시간을 들이면 계산 시간이 너무 오래 걸리므로 어느 정도의 속도로 어닐링 연산을 시행한다. 이렇게 해도 기저상태(엄밀해)에 가까운 근사해에 도달한다는 사실이 실험적으로 계속 드러나고 있다.

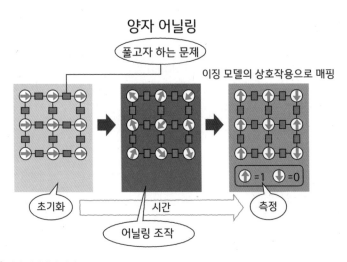

[그림 7.17] 양자 어닐링의 계산

에너지의 벽을 빠져나간다

양자 어닐링이 고전계산보다 빠른지는 양자 어닐링의 존재 의의에 관계된 중요한 문제이지만 확실하지 않은 게 현실이다. 고전계산 중에서도 같은 어닐링을 이용하는 시뮬레이티드 어닐링이나 양자 어닐링을 고전컴퓨터로 시뮬레이트하는 방법의 하나인 양자 몬테카를로법과의 비교 연구가 활발하게 이루어지고 있다.

시뮬레이티드 어닐링과 대조해서 설명하면 직관적이고 이해하기 쉬우므로, 여기서는 그 방식으로 소개하고자 한다. 양자 어닐링에서는 에너지 랜드스케이프 상에서 에너지의 벽을 양자 터널 효과에 의해 빠져나감으로써 로컬 미니멈에서 탈출할 수 있다고 설명한다.

시뮬레이티드 어닐링에서는 로컬 미니멈에 빠졌을 경우, 거기에서 벗어나 글로벌 미니멈으로 가기 위해서는 에너지의 벽을 올라가야만 하는데 이때 열 흔들림을 이용한다. 구체적으로는 앞에서 설명한 바와 같이 특정 확률로 에너지가 높아지는 방향의 스핀 플립을 수용함으로써 구현된다. 시뮬레이티드 어닐링에서는 이러한 에너지가 높아지는 방향의 스핀 플립 수용 확률이 계산을 진행해 나갈수록 낮아진다. 따라서 계산 후반부에 로컬 미니멈에 빠질 경우 높은 벽을 벗어나기 어렵다.

한편, 양자 어닐링에서는 로컬 미니멈에 빠진 경우 거기에서 양자 터널 효과로 빠져나갈 수 있다고 설명한다. 이는 에너지의 벽이 얇을 때 가능하며, 이를 통해 글로벌 미니멈으로 갈 수 있다. 이것이 바로 양자 어닐링이 고전계산보다 고속으로 문제를 풀 수 있을 것으로 기대되는 이유 중 하나이다. 이 가설이 옳을 경우, 에너지의 벽이 높고 얇을 때 양자 어닐링의 유용성이 있게 되며, 이러한 에너지 랜드스케이프가 구현되는 문제에 적합한 방법이 될 것이다.

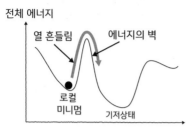

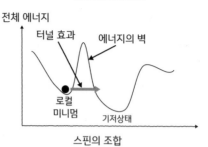

[그림 7.18] 에너지의 벽을 빠져나간다

7.4.5 양자 어닐링이 1억 배나 빠를까?

2015년에 양자 어닐링의 화제의 주역이던 Google의 논문[4]에서는 싱글 코어의 고전컴퓨터로 실행한 시뮬레이티드 어닐링보다 D-Wave Systems의 양자 어닐러 (D-Wave 머신)는 어떤 특수한 조합최적화 문제에서 "1억 배 빠른 속도로 해를 얻었다."라고 발표했다. 이 논문의 내용은 바로 양자 어닐링의 양자 터널 효과를 실증하는 취지의 논문이다[그림 7.19].

이 논문에서는 양자 터널 효과가 일어나기 쉬운 문제 설정, 즉 에너지 랜드스케이프에 높고 얇은 벽이 많을 것 같은 문제를 일부러 설정하고 비교 실험을 했다. 이런 문제 설정에서 시뮬레이티드 어닐링은 벽이 높아 로컬 미니멈을 벗어나기 어렵지만, 벽이 얇기 때문에 양자 어닐링은 터널 효과를 통해 로컬 미니멈을 벗어나 글로벌 미니멈에 접근할 수 있을 것이라는 기대를 가지고 실험이 이루어졌다.

그리고 양자 어닐링이 시뮬레이티드 어닐링보다 최대 1억 배 빠른 속도로 해를 구할 수 있었다는 것을 실험적으로 나타낸 것이 이 논문의 내용이었다.

그러므로 1억 배 빠르다는 것은 이 양자 어닐링의 성능을 발휘하도록 만들어진 특수한 문제에 대한 것이며, 실용적으로 유용한 문제는 아니다. 당시에는 양자 어닐링이 시뮬레이티드 어닐링보다 유리할 만한 문제가 존재하는지 아닌지조차 실험적으로 검증되지 않았다. 그래서 실험적으로 보여준 이 발표에 의해 양자 어닐링이 사회적으로 알려지게 되었다.

[4] Denchev, Vasil S et al. "What is the computational value of finite-range tunneling?". Physical Review X6.3, 2016(031015).

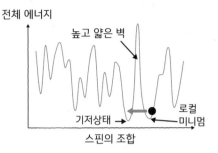

1억 배 고속화를 보여준 논문에서 사용된 문제의 이미지

[그림 7.19] 1억 배 고속화를 보여준 논문에서 사용된 문제의 이미지

7.4.6 양자 어닐러의 실제

7.4.4까지는 양자 어닐링 이론에 관해서 설명했다. 즉, 이상적인 양자 어닐러가 구현되었을 경우의 이야기이다. 실제 양자 어닐러가 어디까지 이 이론에 가까워졌는지가 양자 어닐링이 현재 어느 정도의 성능을 가졌는지를 아는 데 중요한 키워드이다.

양자 어닐러를 개발하는 곳은 D-Wave Systems뿐만 아니라, 미국의 국가 프로젝트(IARPA)와 Google의 독자 개발, 일본에서는 산업기술종합연구소와 NEC가 개발하고 있음을 표명하고 있다.

실제로 양자 어닐러를 개발하기 위해서는 여러 가지 제약이 있다. 특히 D-Wave 머신에서 지적되는 과제를 열거해 보면 다음과 같다.

(1) 코히어런스 시간이 어닐링 시간보다 짧다

D-Wave 머신에 이용되는 양자비트는 집적화가 비교적 용이한 자속 양자비트 방식이 채용되었다. 이 방식은 현재 코히어런스 시간이 짧은 것이 문제가 된다. 다만, 양자 어닐러에서는 비록 계산 시간보다 짧은 코히어런스 시간이라고 해도 나름의 근사해를 출력할 수 있다는 보고도 있어 이 부분은 현재 연구 단계에 있다.

(2) 실제 비즈니스에 적응하기에는 양자비트 집적도가 너무 낮다

D-Wave 머신은 현재 2,000 양자비트, 차세대 기기는 5,000양자비트가량 된다고 알려졌지만, 그래도 실제 비즈니스에 적용하기에는 아직 양자비트 수가 적어 대규모 문제를 풀려면 풀어야 할 문제를 작게 분할해서 D-Wave 머신에 투입할 필요가 있다. 새로운 양자비트의 집적화가 향후 실제 비즈니스에서 중요한데, 양자비트 수 증가에 따른 노이즈 내성 저하 등이 풀어야 할 과제이다.

(3) 유한 온도 효과로 기저상태의 열 들뜸이 생긴다

D-Wave 머신은 초전도 회로에 의해서 구현되고 있으므로 계산을 실행하는 양자칩은 극저온으로 냉각되어 있을 필요가 있다. 그러나 실제로는 약간의 열이 남아 있어 이것이 에러 발생의 원인이 된다. 또한, 양자비트 수가 증가하면 점점 필요한 냉각력도 증가하기 때문에 냉각기술을 개발하거나 열노이즈에 대한 오류 정정 방법, 노이즈에 강한 어닐링 알고리즘 개발 등이 과제이다.

(4) 상호작용이 한정적이다

양자비트의 결합이 밀접수록 계산 가능한 문제의 자유도가 넓어진다. 현재 D-Wave 머신(D-Wave 2000Q)에서는 키메라 그래프라는 성긴 결합으로 이루어져 있다. 그러므로 풀고자 하는 문제를 이 하드웨어에 넣기 위해서는 변환이 필요하다. 결합 수가 늘어남에 따라 더 대규모 문제를 다룰 수 있게 되는 한편, 노이즈 내성과의 트레이드오프도 과제로 여겨지고 있다.

이런 과제들을 해결하면 양자 어닐러는 더욱 이상적인 양자 어닐링을 구현할 수 있다[그림 7.20]. 다만, 이론상으로도 정말 고전컴퓨터를 웃도는 성능을 발휘할 수 있을지는 알 수 없다. 실제 기기의 개발에 더해서 이론 면으로도 강화하고자 노력하고 있다.

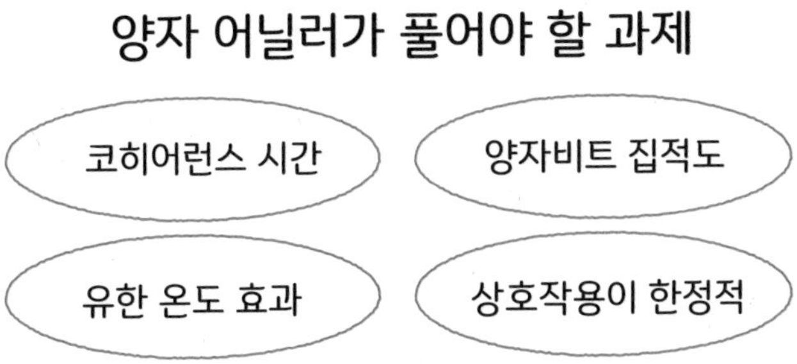

양자 어닐러가 풀어야 할 과제

코히어런스 시간

양자비트 집적도

유한 온도 효과

상호작용이 한정적

[그림 7.20] 양자 어닐러가 풀어야 할 과제

양자 어닐러 이외의 어닐러

양자 어닐러 이외에도 다른 방식의 어닐러 개발이 이루어지고 있다. 어떤 방식의 어널러가 개발되고 있는지 살펴보자.

• 코히어런트 이징 머신

코히어런트 이징 머신(Coherent Ising Machine)은 일본 정부가 주도하는 프로젝트 ImPACT 내에서 개발된 머신이다. 이 머신은 빛을 이용한 어닐러라고 할 수 있으며, 실온 동작, 전결합이 특징이다. 광섬유 루프 내를 빙글빙글 도는 광펄스 하나하나가 스핀을 나타내고, 상호작용을 측정기와 FPGA(Field-Programmable Gate Array), 피드백 펄스로 구현했다(그림 7.21).

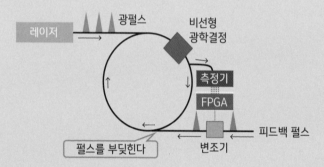

[그림 7.21] 코히어런트 이징 머신

• 비노이만형 고전 어닐러

비노이만형 고전컴퓨터에 의한 시뮬레이티드 어닐링을 구현한다. 예를 들어, 히타치 제작소에서는 CMOS 어닐링 머신이라는 고전 어닐러를 개발하고 있으며, 후지쯔에서는 디지털 어닐러라는 고전 어닐러를 개발 중이다. 동시에 CMOS 기술을 이용해어닐러 전용기를 설계하고 있으며, 시뮬레이티드 어닐링을 고속으로 계산할 수 있다. 한편 도시바에서는 GPU를 이용해 시뮬레이티드 분기 알고리즘이라는 독자적인 알고리즘으로 조합최적화 문제를 고속으로 해결하는 연구가 이루어지고 있다.

[참고]

• 조합최적화 문제를 위한 CMOS 어닐링 머신
  https://www.jstage.jst.go.jp/article/essfr/11/3/11_164/_pdf/-char/ja

• 디지털 어닐러 소개 자료
  https://www.fujitsu.com/jp/documents/digitalannealer/services/da-shoukai.pdf

• 세계 최고 속도, 최대 규모의 조합최적화를 가능하게 하는 획기적인 알고리즘 개발에 대하여
  https://www.toshiba.co.jp/rdc/detail/1904_01.htm

제8장

양자비트 만드는 법

양자컴퓨터의 하드웨어는 양자역학적 성질(양자성)을 유지하면서 제어하기 쉬운 물리현상을 이용하여 양자비트를 물리적으로 구현하고, 나아가 양자비트의 상태를 양자성을 파괴하지 않도록 제어해야 한다. 고전컴퓨터의 CPU는 현재는 반도체를 이용한 '트랜지스터' 하나이지만, 컴퓨터의 여명기에는 '릴레이'나 '진공관', '파라메트론' 등의 소자를 이용한 계산기가 만들어졌다. 현재는 바로 양자컴퓨터의 여명기이며, 양자컴퓨터의 하드웨어를 만드는 방식도 다양하게 연구, 개발되고 있다. 이 장에서는 현재 연구되고 있는 대표적인 6가지 방식을 소개한다.

우선은 양자컴퓨터의 성능 지표를 살펴보자. 현재, 어느 정도 성능(스펙)의 양자컴퓨터가 구현되었을까? 고전컴퓨터의 성능은 메모리 용량이나 CPU 코어 수, 클럭 주파수 등이 지표가 된다. 한편, 양자컴퓨터의 성능 지표로는 아래와 같은 것들이 이용된다.

- 양자비트 수
- 양자 연산에 걸리는 시간
- 양자비트의 결합 수
- 양자비트의 코히어런스 시간
- 양자 연산, 측정 연산 시의 에러율

가장 알기 쉬운 것은 물리적으로 구현된 양자비트 수일 것이다. 양자비트의 수가 많은 쪽이 대규모 계산을 할 수 있기 때문이다. 그러나 양자비트 수가 많은 것만으로는 고성능이라고 할 수 없다. 양자비트가 양자성을 갖는 시간인 코히어런스 시간(양자비트의 수명)이 양자 연산에 걸리는 시간도 충분히 길어야 한다. 그리고 양자비트를 연산할 때 에러율이 충분히 낮아야 할 필요가 있다. 양자컴퓨터의 비교에서는 이러한 여러 성능 지표를 이해하는 것이 중요하다. 양자컴퓨터 하드웨어의 가장 중요한 부분인 양자비트 구현 방법을 알아보자.

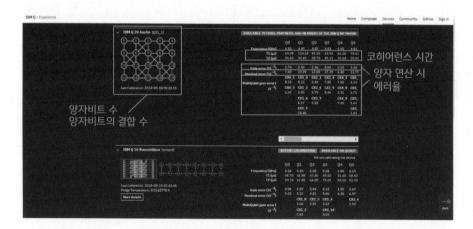

[그림 8.1] IBM-Q의 성능을 나타내는 사이트(https://quantum-computing.ibm.com)

8.2 ‖ 양자비트의 구현 방식

실제로는 어떻게 양자비트를 구현할 수 있을까? 고전컴퓨터가 전자회로로 움직인다는 것은 여러분도 잘 알고 있을 것이다. 실리콘으로 된 반도체로 트랜지스터라는 작은 스위치 기능을 하는 소자를 만들어 트랜지스터와 금속의 배선을 조합해 논리 게이트를 구현한다. 그리고 이 논리 게이트를 집적함으로써 고전컴퓨터가 완성된다. 반면, 양자컴퓨터는 그리 간단히 만들 수는 없다. 왜냐하면 양자비트와 양자 연산을 할 필요가 있기 때문이다[그림 8.2].

고전비트는 전압이 높은 상태와 낮은 상태를 0과 1에 대응하면 되므로, 일반적인 전자회로로 구현할 수 있었다. 논리 게이트도 반도체로 된 트랜지스터를 조합함으로써 만들 수 있다. 예를 들어, 전자회로의 내부 전압 0V를 0의 상태, 5V를 1의 상태로 하면 비트가 생기고, 트랜지스로 전압을 제어함으로써 논리 게이트를 구현할 수 있다. 실제로 그렇게 해서 우리가 사용하는 컴퓨터도 만들어진다.

하지만 양자비트는 파동(확률진폭과 위상)의 성질을 가지고 있음을 기억하자. 양자비트의 파동의 성질은 양자역학적인 원리에 근거한다. 양자비트는 양자역학적인 현상을 이용해 만들 필요가 있으며, 그 밖의 방법으로 실제와 비슷하게 만들어낼 수는 없다. 양자역학적인 현상을 이용하지 않고 양자비트를 만들어 냈다고 해도 효율적인 양자 계산을 할 수 없으며, 그 컴퓨터를 양자컴퓨터라고 할 수는 없다.

양자컴퓨터는 양자역학적인 현상을 이용해서 만든다

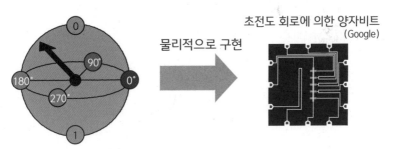

물리적으로 구현

초전도 회로에 의한 양자비트
(Google)

[그림 8.2] 양자컴퓨터는 양자역학적 현상을 이용해서 만든다

양자역학적인 상태(양자 상태)에 따라 양자비트를 만들고 양자 상태를 제어함으로써 양자 연산이 구현된다. 양자 상태는 매우 깨지기 쉬우므로 양자 상태가 깨지지 않도록 제어할 필요가 있다. 양자비트의 대표적인 구현 방법 및 그 개요와 개발 기업을 [표 8.1]에 나타냈다.

[표 8.1] 대표적인 구현 방법

구현 방법	개요	대표적인 기업
초전도 회로	희석냉동기에 의해 10-2K 정도의 초저온까지 냉각한 초전도 상태의 전자회로에 의해 양자비트를 구현. 전자회로 내에 조셉슨 소자가 이용됨. 마이크로파 펄스 등으로 양자 게이트 연산.	Google, IBM, Intel, Rigetti, Alibaba, D-Wave
이온 트랩 / 냉각 원자	이온트랩과 레이저 냉각에 의해 나열한 이온으로 양자비트(이온 트랩)를 구현. 레이저광을 조사해서 양자 게이트 연산. 또한, 자장과 레이저 냉각에 의해 중성원자를 트랩해 양자비트를 구현(냉각 원자).	IonQ
반도체 양자점	반도체 나노 구조인 양자점(quantum dot)을 이용해 전자를 가둠으로써 양자비트를 구현. 반도체 집적 기술 응용 가능.	Intel
다이아몬드 NV 센터	다이아몬드 내의 질소 공동 센터에서의 전자스핀과 핵스핀을 이용. 상온에서 동작 가능한 점이 강점.	
광자적 양자 계산	비고전적인 빛에 의해 양자 계산을 구현. 연속량과 단일 광자를 사용하는 방법 연구 중. 측정형 양자 계산도 이용.	XANADU
토폴로지컬	토폴로지컬 초전도체에 의해 마요라나 입자를 구현. 노이즈에 강한 양자비트를 구현. 브레이딩(끈)에 의해 양자 계산을 함.	Microsoft

대량의 양자비트와 양자 게이트를 구현하는 것은 현재의 기술 수준으로도 매우 어려우며, 현재 전 세계에서 활발한 연구와 개발이 이루어지고 있다. 예를 들어, 수밀리 켈빈(절대 영도가 0켈빈이고 -273.15℃, 1밀리 켈빈은 절대 영도에서 0.001℃만큼 온도가 상승한 상태)이라는 극저온까지 냉각한 초전도 전자회로에 의해서 양자비트를 구현할 수 있다. 또는 원자를 이온화해 트랩하고, 이온 1개씩을 양자비트로서 사용할 수 있다. 그 밖에도 다양한 구현 방법이 있다. 표의 기업란에 기업명이 없는 구현 방법도 전 세계의 대학 등 연구기관에서 연구 개발이 행해지고 있다. 초전도 회로와 이온 트랩에 의한 양자컴퓨터가 현재 유망해 보여 많은 연구기관에서 연구 개발하고 있으며, 그 밖의 방법도 표준이 될 가능성이 있으므로 계속해서 다양한 방법이 연구되는 단계이다.

8.3 ‖ 초전도 회로

현재 양자컴퓨터의 주류가 될 것이라는 기대로 주목을 받고 있고, IBM, Google과 같은 대기업에서도 개발 중인 초전도 회로에 의한 양자비트의 구현 방식이다.

8.3.1 초전도 회로에 의한 양자비트 구현

극저온으로 냉각된 어떤 종류의 금속은 전기 저항이 0인 초전도 상태가 된다. 초전도 상태는 양자역학으로만 설명할 수 있는 현상으로, 이 상태의 금속으로 만들어진 전자회로(초전도 회로)는 양자성을 강하게 나타내므로 이를 통해 양자비트를 구현할 수 있다. 양자성을 강하게 나타낸다는 것은, 즉 측정할 때까지는 파동의 성질을 가진 중첩 상태를 구현할 수 있다는 것을 의미한다. 초전도 회로에 의해서 0과 1의 중첩 상태를 구현할 수 있다.

세계에서 최초로 초전도 회로에 의한 양자비트를 구현한 것은 당시 NEC의 나카무라 야스노부(현 도쿄대학) 교수, 차이 자오셴(현 도쿄이과대학) 교수들이었다. 그들은 1999년에 초전도 회로에 의한 양자비트의 동작을 확인했다. 그때부터 전세계에서 연구가 진행되어, 당초 1나노초였던 코히어런스 시간(양자성의 수명)은 현재 수십 마이크로 초 정도(수만 배!)까지 비약적으로 향상했다.

8.3.2 조셉슨 접합

초전도 회로에서는 조셉슨 접합이라는 구조를 만들어 양자비트를 구현한다. 이 조셉슨 접합은 초전도−절연층−초전도의 간단한 샌드위치 구조이다[그림 8.3]. 통상 절연층은 전기가 통하지 않지만, 아주 얇은 1nm 정도의 절연층에서는 전자의 파동성에 의해서 절연층을 빠져나갈 수 있고(전류가 흐른다), 이런 현상을 터널 효과라고 한다. 이것이 초전도 하에서 구현되면 양자비트에 필요한 비선형성을 획득할 수 있고, 초전도 양자비트를 구현할 수 있다.

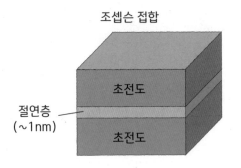

[그림 8.3] 조셉슨 접합

초전도 회로에는 주로 알루미늄이나 니오븀과 같은 금속이 사용된다. 초전도 양자비트 회로와 제어용 회로가 집적된 칩(양자칩)은 초전도 상태로 만들기 위해 수 mK라는 극저온으로 냉각할 필요가 있다. 이를 위해 희석 냉동기라는 특수한 냉동기 안에 양자칩을 넣고 작동시킨다. 초전도 회로에 의한 양자비트는 회로의 일부로서 구축되어 있다. 이 양자비트를 동작시키려면 다양한 제어용 회로를 주위에 붙여서 외부에서 양자 상태를 제어하거나 읽어낸다.

8.3.3 트랜스몬과 자속 양자비트

대표적인 초전도 회로에 의한 양자비트 구현 방식으로 **트랜스몬**과 **자속 양자비트**의 두 가지 타입이 있다.

• 트랜스몬

트랜스몬은 조셉슨 접합의 비선형성에 의해 에너지 준위 간격을 불균일하게 함으로써, 2준위계를 준비해 양자비트로 했다. 주로 양자 회로 모델의 양자컴퓨터 구현에 이용되며, 노이즈에 강하고 코히어런스 시간이 긴 것이 특징이다. 양자비트 수는 현재 대략 수십 양자비트 정도이다.

• 자속 양자비트[1]

자속 양자비트는 조셉슨 접합을 포함한 초전도 회로의 루프 구조를 만들어, 루프 내 전류의 우회전과 좌회전으로 '0' 상태와 '1' 상태의 중첩 상태를 구현한다. 현재는 주로 양자 어닐링에 사용되고 있으며, 코히어런스 시간은 트랜스몬보다 떨어지지만, D-Wave Systems에서 이미 약 2,000 양자비트가 구현되었다.

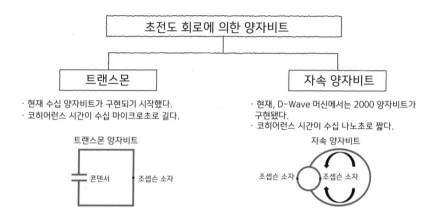

[그림 8.4] 초전도회로의 의한 양자비트[*2]

양자비트 수가 많은 쪽이 대규모 계산을 할 수 있다. 그러나 양자 회로 모델과 양자 어닐링의 양자비트 수를 직접 비교해서는 안 된다. 양자 회로 모델을 개발하고 있는 회사들과 양자 어닐링의 D-Wave 머신에서 구현된 양자비트 수가 두 자릿수나 다른 데는 이유가 있다. 양자 회로 모델에서 이용되는 트랜스몬 타입의 양자비트와 양자 어닐링에서 이용되는 자속 양자비트 타입은 현재 양자비트 자체의 '성능'이 크게 다르기 때문이다. 양자비트 성능에서 중요한 것으로 '코히어런스 시간'이라는 지표가 있다. 이 코히어런스 시간이란 양자비트가 양자역학적 성질을 유지할 수 있는 시간으로 이른바 양자비트의 수명을 의미한다. 즉, 양자 계산에 걸리는 시간보다 코히어런스 시간이 긴 것이 양자비트의 성능이 높고, 나아가서는 계산 능력이 뛰어나다.

아까 설명한 대로 양자비트에는 '확률진폭'과 '위상'이라는 두 가지 성질이 있는데, 이 두 가지 성질을 잃어버릴 때까지의 시간이 코히어런스 시간이다. 코히어런스 시간이 짧으면 계산 도중에 노이즈가 들어가서 계산 정밀도가 낮아진다.

*1 자속 양자비트도 전술한 최초의 양자비트 구현 4년 후 2003년에 나카무라 야스노부씨들에 의해서 개발되고 있다.

*2 카와바타 시로. 양자 어닐링을 위한 하드웨어 기술 OR학회, 2018, 6월호, 335-341을 참조.

이 코히어런스 시간이 양자 회로 모델에 사용되는 트랜스몬에서는 현재 수십 마이크로초(10-6초) 정도인 반면, D-Wave 머신의 자속 양자비트는 수십 나노초(10-9초)일 것으로 예상된다.

양자 회로 모델의 계산에는 양자 게이트 연산에 걸리는 시간에 비해 충분히 긴 커히어런스 시간이 필요하다. 코히어런스 시간 동안 많은 양자 게이트 연산을 해야 하기 때문이다. 물론, 코히어런스 시간이 긴 것이 제일 좋지만, 한편으로 양자 어닐링에서는 현재 코히어런스 시간보다 계산 시간이 길다는 실험 사실이 있기 때문에, 그래도 어느 정도의 정밀도로 안정된 계산 결과를 얻을 수 있는지와 거기에 양자성의 효과는 있는지에 대해서 현재 연구가 진행되고 있다[3].

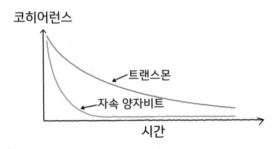

[그림 8.5] 양자비트의 코히어런스 시간

8.3.4 NISQ에 의한 양자 우위 실증

초전도 회로를 이용한 양자컴퓨터를 개발하는 주요 기업은 2019년 5월 현재 Google, IBM, Intel, Rigetti Computing, Alibaba 등이며, 각각 연구기관과 협력해 트랜스몬 양자비트, 수~수십 양자비트의 양자컴퓨터를 개발하고 있다.

현재 상황은 50~100 양자비트의 NISQ(Noisy Intermediated-Scale Quantum(Computer))를 개발해, 실제 기기에 의한 양자 우위(양자 스프레머시 Quantum supremacy)를 구현하는 것이 당면 목표이다. 양자 우위란 현재 최고 성능의 고전컴퓨터(즉 슈퍼 컴퓨터)로도 그 행동을 모의(시뮬레이트)할 수 없는 계산을 실증하는 것을 의미한다. 예를 들면, 50 양자비트로 40번의 양자 게이트 연산

*3 니시모리 히데토시, 오제키 마사유키. 양자 어닐링의 기초 2018을 참조.

을 각각 오류율 0.2%로 구현하는 목표를 내걸고 있다. 또 NISQ를 이용한 유용한 양자 알고리즘 개발도 진행되고 있어, 실용적인 양자컴퓨터에 관한 기대도 높아지고 있다.

8.4 ┃ 이온 트랩 / 냉각 원자

초전도 회로가 큰 주목을 끌고 있는 한편 그 외의 방식도 착실하게 연구가 진행되고 있다. 모든 물질은 원자로 이루어져 있다. 원자는 플러스 전하를 가진 원자핵과 마이너스 전하를 가진 전자로 구성되며, 플러스와 마이너스 전하가 같은 경우를 '중성 원자', 다른 경우를 '이온'이라고 한다. 이 중성 원자와 이온을 레이저광과 자기장에 의해 공중에 트랩하는 기술이 확립되어 있으며, 이 기술로 단일 원자를 개별적으로 직접 연산할 수 있게 된다. 단일 원자는 그대로 양자비트로써 사용할 수 있다.

8.4.1 이온 트랩에 의한 양자비트

이온을 레이저광과 자기장으로 공중에 트랩(포착)하여 직접 연산하는 이온 트랩에 의한 양자비트 구현 방식은 가장 빨리 양자비트 연산이 구현된 방식이다. 1995년에 2 양자비트의 이온을 이용한 양자 계산 실험이 미국의 데이비드 와인랜드(David Wineland), 크리스토퍼 먼로(Christopher Monroe) 그룹에 의해서 확인되었다[그림 8.6].

와인랜드는 중성 원자를 이용한 양자 제어 연구를 하던 프랑스의 세르주 아로슈(Serge Haroche)와 함께 2012년에 노벨상을 받았고, 먼로는 현재 IonQ이라는 벤처회사를 설립해 이온 트랩 양자컴퓨터의 구현을 목표로 하고 있다.

데이비드 와인랜드

크리스토퍼 먼로

[그림 8.6] 이 방식에 공헌한 연구자

전자장에 의해 이온을 공중에서 트랩하는 이온 트랩 기술은 질량분석법이나 정밀 자기장 계측, 원자시계 등의 목적으로 발전해, 1989년에 노벨 물리학상을 받았다. 또한, 레이저를 이용해 이온을 극저온으로 냉각하는 기술(레이저 냉각)도 오랜 시간 연구되어 1997년에 노벨 물리학상을 받았다.

1995년에는 이그나시오 시락(Ignacio Cirac), 피터 졸러(Peter Zoller)가 이온 트랩의 양자 계산(2 양자비트 간 CNOT 게이트)을 제안했고, 그 후 바로 먼로와 와인랜드에 의해서 실험적으로 구현되었다.

이온을 공중에서 일렬로 트랩하여 개별적으로 레이저광을 쏘아 양자를 연산하는 본 방식은 이온열 전체의 집단 진동 현상을 통해서 각 이온이 다른 모든 이온과 상호작용할 수 있는 전 결합이라는 점이 특징이다[그림 8.7]. 벤처기업인 IonQ에서는 칩 형태로 이터븀의 양이온을 트랩해 양자컴퓨터를 구현했고, 현재까지 수십 양자비트를 달성했다.

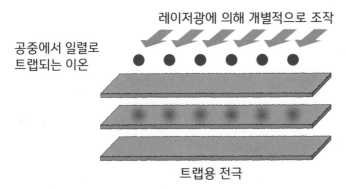

레이저광에 의해 개별적으로 조작

공중에서 일렬로
트랩되는 이온

트랩용 전극

[그림 8.7] 이온 트랩 방식

8.4.2 냉각 중성원자에 의한 양자비트

그 밖에도 빛을 가두는 공진기 안에 레이저 냉각에 의해 냉각된 중성원자를 트랩함으로써 빛과 원자를 강하게 상호작용시켜 광자 또는 원자를 양자비트로 사용하는 방식(공진기 QED)이나 리드베리 상태인 이온에 가까운 상태의 중성원자를 이용하는 방식(리드베리 원자, 광 격자를 이용한 양자 시뮬레이션 등)이 있다[그림 8.8].

• 공진기 QED

QED는 Quantum Electro-Dynamics의 약자로 양자전기역학이라는 뜻이다. 거울 2개를 마주보게 하면 빛을 가둘 수 있는 공진기를 구성할 수 있고, 2개의 거울 사이에 레이저 냉각된 원자를 트랩함으로써 빛과 원자의 양자 상호작용을 일으킬 수 있다. 예를 들면, 이 구성을 사용함으로써 원자의 상태를 양자비트에 대응시키고 빛을 매개로 양자 연산을 할 수 있다.

• 리드베리 원자(Rydberg atom)

원자핵의 아득히 먼 곳을 전자가 도는 상태를 리드베리 상태라고 하며, 이 상태의 원자를 만들어냄으로써 강하게 양자적인 상호작용을 구현할 수 있다. 이 상태의 원자를 사용한 양자 연산과 양자 시뮬레이션 등이 실제로 이루어지고 있다.

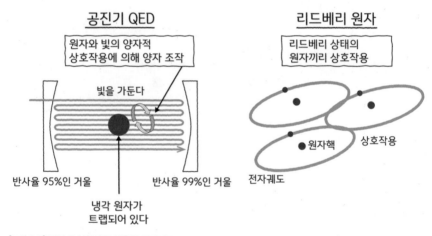

[그림 8.8] 냉각 중성원자를 이용한 양자비트

• 광격자를 이용한 양자 시뮬레이션

다른 각도에서 입사한 복수의 레이저광의 간섭에 의해서, 달걀을 담는 팩과 같은 원자의 용기(=광 격자)를 만들고, 이 용기 안에 원자를 하나씩 넣어 원자끼리 상호작용을 일으킴으로써 양자계의 시뮬레이션을 실시한다.

8.5 ‖ 반도체 양자점

반도체인 실리콘(규소)이나 갈륨비소에 의한 양자비트의 구현 방식(반도체 양자점)은 지금까지의 (고전)컴퓨터 개발을 통해서 고도로 발전한 트랜지스터 제조 기술, 특히 실리콘의 미세 가공 · 집적화 기술을 크게 살릴 수 있을 것으로 기대되고 있다. 1998년 반도체 양자점을 이용한 양자컴퓨터가 제안되었고, 2006년~2011년 경에 양자점 방식에 의한 양자비트와 양자 게이트 연산이 구현되었다. 현재 몇 개의 양자비트를 고정밀도로 제어하는 방법이 개발 중이다.

양자점(quantum dot)은 고체 내에서 전자 하나를 외부로부터 격리함으로써 다른 전자의 영향을 배제하는 기술을 말한다. 초전도 회로와 마찬가지로 격리된 전자를 극저온으로 냉각하여 안정된 양자비트를 구현할 수 있다. 반도체를 이용해 양자점을 만들고 전자 스핀이라는 성질을 이용해 양자비트로 만드는 방법이 유망하다. 두 종류의 반도체(GaAs와 AlGaAs 등)의 경계를 서로 붙이면, 이 경계면에서 전자가 자유롭게 돌아다니게 된다. 그 위에 전극을 붙여서 전자장의 벽(포텐셜)을 만들어, 사방을 막아 전자를 가둘 수 있다[그림 8.9]. 이렇게 가둔 전자의 상태를 주위에 설치한 다른 전극으로 제어하거나 읽어냄으로써 양자비트를 연산할 수 있다. Intel은 초전도 회로뿐만 아니라 이 방식의 양자컴퓨터 개발에도 참여하고 있어 주목받고 있다.

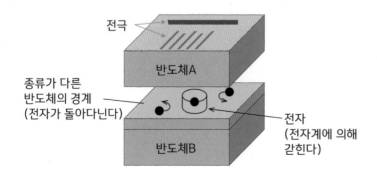

[그림 8.9] 실리콘 스핀

8

양자비트 만드는 법

8.6 ‖ 다이아몬드 NV 센터

　반도체 양자점 방식은 극저온까지 냉각해야 하지만, 이 방식은 실온에서도 양자비트를 구현할 가능성이 있다. 다이아몬드(탄소의 결정)는 탄소 원자가 규칙적으로 늘어선 매우 단단한(안정된) 결정 구조이지만, 본래 탄소가 있어야 할 곳이 질소 원자로 치환되어 버리면 인접하는 위치에는 탄소도 질소가 없는 빈자리(Vancancy)가 생겨난다. 이 부분을 **질소공동센터(Nitrogen-Vacancy Center: NV 센터)**라고 하며, 전자 스핀과 핵 스핀을 이용해 실온에서도 안정된 양자비트를 구현할 수 있게 된다[그림 8.10]. 이 NV 센터의 존재에 의해서 다이아몬드는 보라색이나 핑크색과 같은 색이 된다.

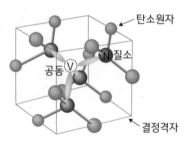

[그림 8.10] 다이아몬드 NV 센터

　다이아몬드 NV 센터는 실온에서 장시간 안정되게 양자 상태를 유지할 수 있다고 여겨져, 양자 통신 전용 양자 메모리나 중계기(양자 리피터)로서의 응용 가능성이 기대된다. 양자정보를 주고받는 양자 통신 중에서도 현재 이미 양자 암호가 실용화를 위해 연구개발이 진행 중이며 실증 실험 등도 이루어지고 있다. 양자 암호를 포함한 양자 통신 기술에 관해서는 자세하게 다루지 않았지만, 양자컴퓨터보다 빨리 실용화될 것으로 기대되고 있으며 지상에서뿐만 아니라 우주에서의 양자 통신 기술이 각국에서 연구되고 있다. 다이아몬드 NV 센터는 양자비트뿐만 아니라, 양자 통신 기술의 중요한 요소 기술인 양자 메모리와 양자 리피터로도 주목받고 있다.

　게다가 자기장 등의 미세한 변화를 포착하는 고감도 양자 센서로도 응용할 수 있는 가능성이 기대되어 전 세계에서 연구가 진행 중이다.

8.7 ║ 빛을 이용한 양자비트

초전도 회로나 원자를 이용하는 양자비트와 달리, 레이저광과 같은 '빛' 자체에 양자비트의 역할을 담당하게 할 수도 있다. 이 방법은 실온에서 동작 가능하고, 실리콘 포토닉스라고 불리는 광도파로 칩 제조 기술이나 광섬유 등의 광통신 기술과 조합해서 양자컴퓨터를 구현할 가능성이 있다.

8.7.1 광자를 이용한 양자 계산

양자역학에서 빛은 파동이자 입자와 같다. 빛은 입자성에 의해 '광자(포톤)'라는 작은 빛의 알갱이로 다룰 수 있다. 이 광자를 양자비트로 이용하는 방법이 연구 중이다. 광자는 미약한 빛 그 자체라서 광자를 이용한 양자컴퓨터는 실온에서 작동시킬 수 있으며, 광섬유 통신과 궁합이 잘 맞아 기대되는 분야이다. 광자를 양자비트로 하는 방식에서는 단일 광자를 방출하는 광원(단일 광자원)이 필요한데, 고효율 단일 광자원을 구현하기가 쉽지 않아 현재도 연구가 진행되고 있다. 단일 광자원으로부터 방출된 광자는 빛의 진동방향(편광) 등을 양자비트로서 이용할 수 있고, 빛의 양자 회로에 입력해 양자 연산을 함으로써 양자 계산을 구현한다. 그럼, 주요 양자 연산 방법 두 가지를 알아보자.

• 선형광학방식

일부 빛을 투과하는 거울(빔 스플리터)이나 위상 시프터라는 선형광학소자에 의한 광자 연산과 광자 검출기의 비선형성을 활용한 양자계산기법이며, 확률적으로만 할 수 있는 연산도 있지만, 양자 텔레포테이션 회로 등을 포함해서 만능 양자 계산을 구현할 수 있다.

• 공진기 QED를 이용한 방식

선형광학소자와 8.4.2에서 소개한 공진기 QED를 이용함으로써 광자가 양자 연산을 하는 방식이다. 선형광학소자에 의해서 1 양자비트 게이트, 공진기 내의 원자와의 상호작용으로 고효율인 2 양자비트 게이트를 할 수 있어, 효율적인 양자 계산을 구현할 수 있다.

광자를 이용한 양자컴퓨터

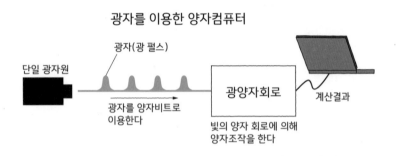

[그림 8.11] 광자를 이용한 양자컴퓨터

8.7.2 연속량을 이용한 양자 계산

빛에 의한 양자비트를 구현하기 위해 스퀴즈드광이라는 특수한 빛을 이용하는 방식이 있다. 스퀴즈드광이란 일반 레이저광(코히어런스광)에 비해 전장의 흔들림을 변화시켜 특수한 광자수 분포 등을 갖게 한 것으로, 양자성을 강하게 한 빛의 상태를 말한다. 이 스퀴즈드광은 레이저광을 특수한 결정에 입사하여 생성할 수 있다. 스퀴즈드광을 이용하면 지금까지 설명한 광자의 양자비트를 이용한 양자 계산과는 다른 방식의 연속 양자 계산이라는 것을 할 수 있다. 연속 양자 계산의 양자비트에 대응하는 양자모드는 '빛의 상태'에 의해서 구현되고, 빛의 상태를 하나하나 변화시켜가는 연산으로 양자 계산을 한다. 도쿄대학의 후루사와 아키라 교수 그룹과 캐나다의 벤처기업 XANADU가 이 방식의 연구를 진행 중이다.

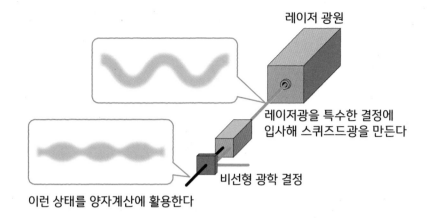

레이저 광원

레이저광을 특수한 결정에
입사해 스퀴즈드광을 만든다

비선형 광학 결정

이런 상태를 양자계산에 활용한다

[그림 8.12] 빛을 이용한 양자비트

8.8 ∥ 토폴로지컬 초전도체

양자 회로 모델과 계산량에 등가인 양자 계산 모델을 한 토폴로지컬 양자 계산 방식이 있다(6장 칼럼). 이 방식은 '브레이딩(꼬인 끈)'이라는 수학 이론을 사용해 양자 계산을 한다. 이를 구현하는 한 방식으로서 마요라나 입자를 이용하는 방법이 있으며, 토폴로지컬 초전도체를 이용하여 이 입자를 만들 수 있을 것으로 기대되고 있다[그림 8.13].

토폴로지컬 초전도체를 이용한 양자컴퓨터 구현 방식은 노이즈 내성이 뛰어난 방식으로 기대되고 있으며, Microsoft가 주력하여 연구 개발을 진행 중이다.

Microsoft에서는 미소한 와이어(나노 와이어)를 초전도체에 접합한 토폴로지컬 초전도체를 구현해 토폴로지컬 양자 계산을 하는 연구를 실시하고 있다. 이 방식의 연구는 이제 막 시작되었고 구현 자체에 상당한 어려움이 예상된다.

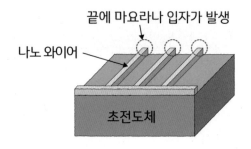

[그림 8.13] 토폴로지컬 초전도체 이미지

순수상태와 혼합상태

양자컴퓨터 공부를 시작하면 순수상태와 혼합상태라는 말이 등장한다. 특히, 양자컴퓨터의 에러를 다룰 때 혼합상태라는 개념이 중요해진다. 또한, 양자비트의 '중첩 상태'를 깊이 이해하기 위해서도 꼭 알아두어야 하는 개념이므로 짚고 넘어가고자 한다.

• 순수상태

순수상태란 예를 들어 지금까지 설명했던 양자비트 상태 그 자체이다. 이것은 순수 양자 상태이므로 순수상태라고 한다. 지금까지 설명한 것처럼 순수상태의 1 양자비트는 α와 β의 2개의 복소수(복소 진폭)를 이용하여 나타내며, 이들 복소수의 절댓값의 제곱이 확률이 된다. 이 복소수는 파동을 나타내고, 이 파동의 진폭을 '확률진폭'이라고 한다. '확률진폭'은, 양자역학 특유의 '확률'이며, 이것을 '양자적인 확률'이라고 한다.

• 혼합상태

한편, 우리가 평소 생활할 때도 주사위를 흔들거나 아니면 동전 던지기를 할 때 확률을 자주 사용한다. 그런 경우의 확률은 대개 양자 역학과는 관계없는 확률이며, 이것을 '고전적인 확률'이라고 한다. 고전적인 확률이 포함된 상황일 경우는 혼합상태라고 한다.

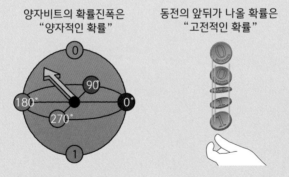

[그림 8.14] 양자적인 확률과 고전적인 확률

이처럼 양자역학에서는 '양자적인 확률'과 '고전적인 확률'이라는 두 가지 확률이 있어, 처음에는 혼란이 예상된다. 다음의 예를 통해 이 두 가지 확률의 차이를 설명해보자.

· 순수상태와 혼합상태의 차이

A씨와 B씨가 '상자 속을 맞추는 게임'을 하고 있다[그림 8.15]. A씨가 준비한 상자 속에는 1 양자비트가 들어 있고, A씨가 B씨에게 상자 속의 양자비트가 0인지 1인지를 묻고 있다.

상황 ①처럼 A씨가 균등한 중첩 상태의 1 양자비트를 상자 속에 넣었다고 하자. 이 양자비트는 순수상태이며, 양학적인 확률로써 0이나 1 어느 쪽이 나올지는 측정할 때 까지 알 수 없다. 즉, A씨도 B씨도 0이 나올지 1이 나올지 모르는 상황이다.

또 상황 ②처럼 A씨는 랜덤하게 |0〉이나 |1〉을 선택해 상자 속에 넣는다고 하자. 여 기에서는 A씨가 |1〉 상태로 확정된 양자비트를 상자 속에 넣었다고 하자. 이 경우는 A 씨에게는 반드시 1이 나오기로 확정되어 있지만, B씨에게는 상황 ①과 마찬가지로 0이 나올지 1이 나올지 모르는 상황이다. 이런 상황일 때 A씨에게는 순수상태이지만, B씨 에게 상자 속은 '고전적인 확률'이고, '혼합상태'가 되었다고 말한다. B씨는 A씨가 무 엇을 선택했는지 모르는 상황이다.

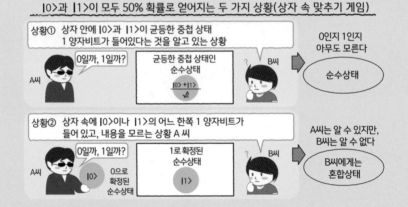

[그림 8.15] 순수상태와 혼합상태

여기서 B씨처럼 양자역학에서는 같은 확률 50%라도 '양자적인 확률'인지 '고전적인 확률'인지를 구별해서 다룰 필요가 있다. 그렇다면, 왜 이 두 개의 확률을 구별할 필요 가 있을까?

• 고전적인 확률에는 '간섭 효과'가 없다

상황 ②와 같은 고전적인 확률에서 0이나 1이 같은 확률비트를 생각해보자. 이 확률비트에 예를 들어 H 게이트를 걸어 보자. 상자 안이 |0⟩인 경우에도 |1⟩인 경우에도 H 게이트로 (|1⟩인 경우는 위상이 반전한) |0⟩과 |1⟩의 균등한 중첩 상태로 변화한다. 이를 계산기저에서 측정해 보면 H 게이트를 하기 전에 |0⟩이었던 경우도 |1⟩이었던 경우도 |0⟩이 나올지 |1⟩이 나올지의 확률은 50%씩이다.

한편, 상황 ①과 같은 양자적인 확률의 중첩 상태의 양자비트에 H 게이트를 걸면, H 게이트를 2번 걸면 원래대로 돌아간다는 성질이 있으므로 위상이 일치하는 균등한 중첩 상태는 |0⟩ 상태가 된다. 그래서 이 양자비트를 계산기저에서 측정하면 반드시 |0⟩이 나온다. 이는 양자비트의 간섭 효과로 |1⟩이 나올 양학적인 확률(확률진폭)이 서로 약하게 하는 간섭에 의해서 상쇄되었다고 생각할 수도 있다.

이처럼 고전적인 확률을 가진 확률비트를 양자 계산에 이용하면 간섭 효과가 없기 때문에 올바른 양자 계산을 할 수 없다.

양자 계산에서는 양자비트가 가진 '양자적인 확률'이라는 특징을 이용하기에 순수상태를 매우 높은 비율로 가진 양자비트가 필수적이다. 따라서 고전적인 확률을 가진 확률비트나 양자비트를 흉내 낸 것을 만들어 봐도 양자 계산을 할 수 없다.

• 디코히어런스

양자적인 확률을 갖는 양자비트(순수상태)가 고전적인 확률(혼합상태)로 변화해 버리는 것을 디코히어런스라고 한다. 코히어런스는 가간섭성이라는 뜻이고, '간섭한다.' 즉, 파동의 성질을 유지한다는 것을 의미한다. 이 코히어런스를 유지할 수 있는 시간을 코히어런스 시간이라 하고 코히어런스가 없어지는 것을 디코히어런스라고 한다. 양자비트의 수명인 코히어런스 시간은 외계로부터의 노이즈로 인해 디코히어런스가 일어나고, 순수상태가 손상되어 혼합상태가 되어 버리는 시간을 말한다. 또한 양자 에러 정정으로 인해 디코히어런스에 의해 발생하는 에러를 정정할 수 있어, 양자 계산이 끝날 때까지 에러 정정 부호에 의해 지켜진 양자비트의 코히어런스 시간을 늘릴 수 있으면 에러 내성이 있는 양자 계산을 구현할 수 있다.

양자컴퓨터의 계산 방법 정리

계산 방법을 정리해보자. 그림에 양자 회로 모델과 양자 어닐링의 양자 계산의 흐름을 나타낸다.

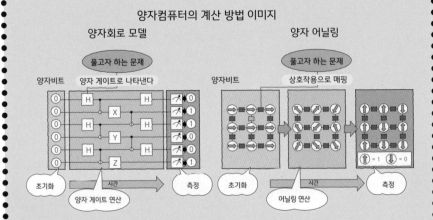

[그림 8.16] 양자컴퓨터의 계산 방법

1.2.1에서 설명에 이용한 양자컴퓨터 동작의 기본 3단계(양자비트 초기화, 양자 연산, 계산 결과 읽기)에 대응해 나타냈다. 양자 회로 모델도 양자 어닐링도 우선 양자비트를 준비하고 초기화를 실시한다. 보통 양자 회로 모델에서는 모두 0 상태로 초기화한다. 한편 양자 어닐링에서는 횡자장에 의해 모두 0과 1이 50%씩의 상태로 초기화한다. 그리고 양자 게이트 연산 또는 어닐링 연산과 같은 양자 연산을 양자비트에 실시해서 계산한다.

여기서 풀고자 하는 문제는 양자 게이트의 경우에는 양자 게이트의 조합으로 나타나며, 양자 어닐링의 경우에는 처음에 설정하는 양자비트 간의 상호작용으로 매핑한다. 그리고 마지막으로 양자비트의 상태를 측정하여 계산한 결과를 읽어낸다.

참고문헌

제1장
- 스콧 매카트니. 애니악. 『세계 최초의 컴퓨터 개발 비화』(히구라시 마사미치 옮김) 퍼스널 미디어, 2001
- R. P. 파인만, A. 헤이, R. 앨런. 파인만. 『계산기과학』(하라 야스오, 나카야마 타케시, 마츠다 가즈노리 옮김) 이와나미 서점, 1999
- 존 그리빈. 『슈뢰딩거의 고양이, 양자컴퓨터가 되다』(마츠우라 슌스케 옮김) 세이도샤, 2014
- 후루타 아야. 『두 악마와 다수의 우주 : 양자컴퓨터의 기원』 일본물리학회지59권 8호, 2004

제2장
- 랜스 포트나우. 『P≠NP 예상이란 무엇일까 골든티켓은 찾을 수 있을까?』(미즈타니 준 옮김) 일본평론사, 2014

제3장
- 모리마에 토모유키. 『양자 계산이론 양자컴퓨터의 원리』 모리키타출판, 2017

제4장
- 콜린 블루스. 『양자역학의 해석문제-실험이 시사하는 다세계의 실제』. 고단샤(블루백스), 2008

제7장
- 다나카 슈야. 『양자 어닐링의 기초와 응용 사례의 현상』 저온공학53 제5호, 2018, 287-294
- 가와바타 시로. 『양자컴퓨터와 양자 어닐링 머신의 최신 연구 동향』 저온공학53 제5호, 2018, 271-277
- 오제키 마사유키. 『양자 어닐링에 의한 조합최적화』 OR학회 6월호, 2018, 326-334
- 가와바타 시로. 『양자 어닐링을 위한 하드웨어 기술』 OR학회 6월호, 2018, 335-341
- Denchev, Vasil S., et al. 『What is the computational value of finite-range tunneling?』 Physical Review X 6.3, 2016, 031015.

제8장
- 가와바타 시로. 『양자 어닐링을 위한 하드웨어 기술』 OR학회 6월호, 2018, 335(2018)

● 양자컴퓨터 서적

다케우치 시게키. 『양자컴퓨터-초병렬 계산의 연산』 고단샤(블루백스), 2005
　양자컴퓨터의 기본을 평이한 문장으로 설명한다. 3~6장 집필에 참고했다.

니시노 테츠로. 『도해잡학 양자컴퓨터』 나츠메샤, 2007
　양자컴퓨터의 기본을 주제마다 그림을 사용해서 설명한다.

미카엘 닐슨, 아이작 챈. 『양자컴퓨터와 양자통신Ⅰ~Ⅲ』(기무라 타츠야 옮김). 옴 사, 2004
　양자컴퓨터의 단골 교과서이다. 중요한 것은 거의 이 책에 실려 있다. 현재는 영어판이 구하기 쉬운 모양이다.

미야노 켄지로, 후루사와 아키라. 『양자컴퓨터 입문(제2판)』 일본평론사, 2016
　양자 회로나 양자 알고리즘에 입문할 때에 편리한 교과서이다.

나카야마 시게루. 『양자 알고리즘』 기술당출판, 2014
　기본적인 양자 알고리즘이 망라된 교과서이다.

모리마에 토모유키. 『양자 계산이론 양자컴퓨터의 원리』 모리키타 출판, 2017
　계산량 이론 등의 전문적인 내용도 많이 포함되어 있지만. 양자컴퓨터의 본질과 관련된 중요한 내용이 많이 쓰여 있다.

고시바 켄시, 후지이 케이스케. 『관측에 의거한 양자 계산』 코로나사, 2017
　측정형 양자 계산에 대한 전문서이다. 양자 오류 정정. 측정형 토폴로지컬 양자 계산에 대해서 해설한다.

니시모리 히데토시, 오제키 마사유키. 『양자컴퓨터가 인공 지능을 가속시킨다』 닛케이 BP사, 2016
　양자 어닐링에 대해 쓰여져 있는 일반서이다.

니시모리 히데토시, 오제키 마사유키. 『양자 어닐링의 기초(기본법칙부터 읽어내는 물리학 최전선 18)』 공립 출판, 2018
　양자 어닐링에 대한 전문적인 내용까지 함께 다루는 해설서이다.

아나이 히로카즈, 사이토 츠토무. 『오늘부터 쓸 수 있는 조합최적화 이산 문제 가이드 북』 고단샤, 2015
　조합최적화에 대해 해설하고 있다. 본서의 7장 집필에 참고했었다.

콜린 브루스. 『양자역학의 해석 문제 – 실험이 시사하는 '다세계'의 실재』(와다 스미오 옮김). 고단샤(블루백스), 2008
　양자 역학에서 중요한 "측정"에 대해 상세하게 해설되어 있다.

카미나가 마사히로. 『현대암호입문 어떻게 비밀은 지켜지는가』 고단샤(블루백스), 2017
　현재 사용되는 암호 기술에 대해 해설하고 있다.

이시자카 사토시, 오가와 토모히로, 가와치 아키노리, 기무라 겐, 하야시 마사토. 『양자정보과학입문』 쿄리츠 출판, 2012
　양자정보이론에 관해서 매우 충실한 일본의 연구자가 집필한 교과서이다.

우라베 신지. 『개별 양자계의 물리-이온 트랩과 양자 정보 처리-』 아사쿠라서점, 2017
　이온 트랩 방식의 양자컴퓨터에 대한 설명이 포함된 교과서이다.

닛케이 사이언스 닛케이사이언스사
　양자컴퓨터에 관한 화제를 자주 다루는 월간지이다. 본서에서도 2016년 8월호 『특집 양자컴퓨터』. 2018년 2월호 『긴급 기획 일본판 양자컴퓨터』, 2018년 4월호 『특집 양자컴퓨터 미국의 개발 최전선을 가다』, 2019년 2월호 『특집 최종결론 양자얽힘 실증』을 참고했다.

INDEX

맺음말

이 책을 끝까지 읽어주신 독자분들께 감사드린다. 책을 마치면서 집필에 이르게 된 개인적인 경위를 적어보려고 한다.

저는 대학원 시절에 호소야 아키오 선생님의 양자정보 수업을 청강하면서 양자 컴퓨터에 관심을 가졌다. 그 당시 읽은 타케우치 시게키 선생님의 블루백스 『양자 컴퓨터 초병렬 계산의 연산』은 그 무렵의 저에게는 너무 어려워서 좌절했던 기억이 있다. 그 뒤로 취직을 했고, 2013년 10월에 뜻이 있는 사람들과 양자 정보 스터디를 시작하면서 조금씩 공부했다. 2015년경부터 D-Wave Systems나 IBM, Google에 의한 양자컴퓨터 연구 개발 소식이 뉴스에 등장하게 되었고, 마침 쇼에이샤의 Web 매거진 CodeZine에 〈IT 엔지니어를 위한 양자컴퓨터 입문〉을 연재할 기회를 얻었다. 그리고 쇼에이샤 주최의 'Developers Summit2018'에 등단하면서, 그때의 강연을 계기로 이 책을 집필할 기회를 얻게 되었다. 2017년 6월부터는 MDR 주식회사가 주최하는 스터디 모임에 참여해 MDR의 미나토 님, 가토 님, OpenQL 프로젝트의 야마자키 님 등의 스터디 참가 멤버와 함께 각자의 특기 분야 정보를 공유하면서 지식의 폭을 대폭 넓힐 수 있었다. 덕분에 이 책에서 다루는 내용도 양자 회로 모델뿐만 아니라 양자 어닐링, 소프트웨어, 하드웨어로까지 넓힐 수 있었다.

마지막으로 CodeZine에 연재할 기회를 주신 쇼에이샤의 곤도 님, 본서 집필 시에 어드바이스해 주신 OpenQL 프로젝트의 야마자키 님, OpenQL·MD 스터디 모임 참가자 여러분, 카토 님, 쿠보 님, 카도마 님을 비롯해, 양자 정보 스터디 모임의 멤버에게 대단히 신세를 졌다. 또, 히타치제작소 연구 개발그룹 광 정보처리 연구부의 호시자와 부장님을 비롯한 연구부 여러분의 지원에 감사드린다. 그리고 쇼에이샤의 미도리카와 님, 감수해 주신 도쿠나가 님은 본서 집필에 많은 노력을 해 주셨다. 이 자리를 빌려 감사드린다.

2019년 6월
우츠기 타케루

그림으로 이해하는
양자컴퓨터의 구조

2020. 9. 14. 초 판 1쇄 인쇄
2020. 9. 21. 초 판 1쇄 발행

지은이 │ 우츠기 타케루
감수 │ 도쿠나가 유키
감역 │ 권기태
옮긴이 │ 김성훈
펴낸이 │ 이종춘
펴낸곳 │ **BM** **(주)도서출판 성안당**
주소 │ 04032 서울시 마포구 양화로 127 첨단빌딩 3층(출판기획 R&D 센터)
       │ 10881 경기도 파주시 문발로 112 출판문화정보산업단지(제작 및 물류)
전화 │ 02) 3142-0036
      │ 031) 950-6300
팩스 │ 031) 955-0510
등록 │ 1973. 2. 1. 제406-2005-000046호
출판사 홈페이지 │ www.cyber.co.kr
ISBN │ 978-89-315-5677-3 (93000)
정가 │ **19,000원**

이 책을 만든 사람들
책임 │ 최옥현
진행 │ 김해영
교정·교열 │ 김해영
본문·표지 디자인 │ 디엔터, 박원석
홍보 │ 김계향, 유미나
국제부 │ 이선민, 조혜란, 김혜숙
마케팅 │ 구본철, 차정욱, 나진호, 이동후, 강호묵
마케팅 지원 │ 장상범, 조광환
제작 │ 김유석

■ **도서 A/S 안내**

성안당에서 발행하는 모든 도서는 저자와 출판사, 그리고 독자가 함께 만들어 나갑니다.
좋은 책을 펴내기 위해 많은 노력을 기울이고 있습니다. 혹시라도 내용상의 오류나 오탈자 등이
발견되면 "좋은 책은 나라의 보배"로서 우리 모두가 함께 만들어 간다는 마음으로 연락주시기
바랍니다. 수정 보완하여 더 나은 책이 되도록 최선을 다하겠습니다.
성안당은 늘 독자 여러분들의 소중한 의견을 기다리고 있습니다. 좋은 의견을 보내주시는 분께는
성안당 쇼핑몰의 포인트(3,000포인트)를 적립해 드립니다.
잘못 만들어진 책이나 부록 등이 파손된 경우에는 교환해 드립니다.